ACTIVITY BOOK

PRACTICE PLUS

Prentice Hall

JUNTOS

UNO

PRENTICE HALL

ACTIVITY BOOK

PRACTICE PLUS

SPECIAL CONSULTANTS

H. Judith Aucar
Brien McMahon High School
Norwalk, CT

Deena T. Begin
Nathan Hale Middle School
Norwalk, CT

Lynn A. Belardo
Roton Middle School
Norwalk, CT

Jacqueline Benevento
Rowan College
Glassboro, NJ

Leslie Grahn
Prince George's County Public Schools
Upper Marlboro, MD

William Jassey
Norwalk Public Schools
Norwalk, CT

Dora Kennedy
University of Maryland
College Park, MD

Elaine F. McCorry
Roton Middle School
Norwalk, CT

ISBN 0-13-434967-9

13 14 15   05 04 03 02

PRENTICE HALL

CONTENTS

INTRODUCTION

Practicing what you already know, or what you would like to understand better, is the best way to learn another language. The more you work on your language skills, the more comfortable you will be communicating with others in Spanish.

The *Activity Book: Practice Plus* will help you improve your Spanish language skills. There are many different kinds of activities. Some will help you to learn new vocabulary words in context; others, to practice grammar forms in order to communicate with accuracy. Many activities will allow you to personalize what you have learned.

Your teacher will assign lessons from the *Activity Book* either as homework or classwork. Each section of the *Activity Book* supplements the corresponding part of your textbook. So, if you want more practice on a vocabulary theme or a grammar point, the *Activity Book* will give you new opportunities to hone your skills in those areas. You will also have opportunities to work on your reading comprehension and writing skills. You will create your own menus or recipes, write postcards, and design travel brochures. The activities will prepare you to communicate with ease in Spanish, in all kinds of circumstances.

ORGANIZATION OF THE ACTIVITY BOOK

The *Activity Book* mirrors the structure of your *JUNTOS* textbook—to make it easier for you to practice vocabulary themes and grammar concepts as you go along in the textbook.

Your *Activity Book* begins with the *Encuentros* section, which introduces you to basic Spanish vocabulary. You learn the words and expressions that help you communicate in Spanish every day—in and out of the classroom. A self-test is included to evaluate your progress.

As in your textbook, *Encuentros* is followed by six units. Each unit contains two chapters and an *Adelante* section.

EACH CHAPTER OF THE ACTIVITY BOOK CONSISTS OF:

- **Conversemos**

  With these activities, you practice new words and expressions that should become part of your vocabulary. Drawings are used to reinforce your understanding of the words and themes.

- **Realidades**

  You answer questions and write about what you have read in your textbook.

- **Palabras en acción: vocabulario**

  You get additional practice on the words and expressions that will help you communicate about the chapter's theme.

- ## Para comunicarnos mejor: gramática (1 and 2)

  Summaries of the chapter's grammar points are included for easy reference and review. Charts and examples give you more ways to understand each grammar concept. You apply what you know in a series of activities.

- ## Repaso

  You have an opportunity to review the main grammar and vocabulary elements of the chapter.

- ## ¿Qué aprendiste?

  Test yourself on the vocabulary and grammar you practiced in the preceding sections of the chapter. Use your creativity to write dialogs.

EACH ADELANTE SECTION CONTAINS:

- ## Del mundo hispano

  This is your opportunity to develop your reading skills and cultural awareness, while you expand your writing ability.

- ## Taller de escritores

  These activities focus on your writing skills. You will write sentences and paragraphs. Draw from your experiences and imagination to write letters, postcards, diary entries, and so on.

- ## Resumen

  You apply all the grammar, vocabulary, and cultural information from the unit in these activities.

ENCUENTROS

En el aeropuerto

1. **Perdón, busco...**
Write a sentence using the word that corresponds to each sign.

1. _Busco la información._   **2.** _____

3. _____   **4.** _____

5. _____   **6.** _____

2. **Bienvenidos**
Write how you . . .

1. greet a friend in the morning._____*¡Buenos días!*_____

2. greet a friend in the afternoon. _____

3. greet a friend in the evening. _____

4. say *Hi!* _____

3. **Adiós**
Write three different ways to say good-bye in Spanish.

1. _____

2. _____

3. _____

4. **Busco. . .**
You want to get from the airport to the city. You are looking for
signs in the airport that might help you find your way. What words
would you look for?
_____*Autobús.* . . ._____
_____

5. **Palabras**
Words that look alike in two languages and mean the same thing are
called cognates. Can you guess the meaning of the Spanish words
listed below?

concierto____*concert*____   música_____

museo _____   disco compacto_____

estudiante_____   restaurante_____

diccionario_____   hamburguesa_____

ENCUENTROS

¿Dónde está...?

2. **¿Qué dicen?**
Write short dialog telling what the people in the drawings might be saying.

1. _____

_____

_____

2. _____

_____

_____

3. _____

_____

_____

4. _____

_____

_____

2. **¿Dónde están...?**
Complete the following sentences with words from the box.

caballeros	señora	pasaporte
teléfono	servicios	salida
información	autobús	

1. Perdón, señora. El _____*pasaporte*_____, por favor.

2. ¿Dónde están los_____?

3. Perdón, ¿dónde está el _____ ?

4. Los servicios de_____ están a la derecha.

5. La _____ está allí, a la derecha.

6. Perdón, _____. ¿Dónde está el taxi?

7. _____ está allí, a la izquierda.

8. Por favor, señor, ¿dónde está el _____?

3. **¿Qué es?**
Write each of the words in the box under the appropriate column.

pasaporte	compañera	teléfono	servicios	información
damas	caballeros	autobús	calle	sala de espera

Feminine	**Masculine**
damas	*caballeros*
_____	_____
_____	_____
_____	_____
_____	_____

ENCUENTROS

¿Cómo te llamas?

1. **Información personal**
Fill out a luggage tag for you and for your best friend.

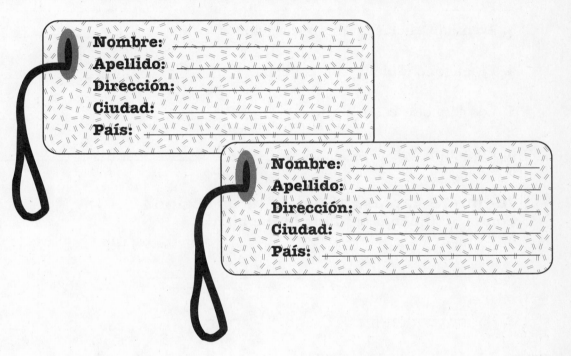

Nombre: _____
Apellido: _____
Dirección: _____
Ciudad: _____
País: _____

Nombre: _____
Apellido: _____
Dirección: _____
Ciudad: _____
País: _____

2. **El club español**
Fill out the membership card for a Spanish Club.

Foto

El Club Español
Carnet de socio

Nombre: _____
Apellido: _____
Dirección: _____
Ciudad: _____
Teléfono: _____

3. **¿Qué preguntas?**
Write the appropriate question for each answer listed below.

1. Me llamo Bruno. ___*¿Cómo te llamas?*_____

2. Se llama Cristina. _____

3. Avenida Delicias, número tres, cuatro, ocho. _____

4. El teléfono está allí, a la derecha. _____

5. Los servicios están aquí. _____

6. En Nueva York. _____

4. **¿Cómo te llamas? ¿Cuál es tu dirección?**
Complete the dialog filling in the blanks.

— _____. ¿Cómo te _____?

— Me _____ Carmen. ¿Y _____?

— Yo _____ llamo Javier. ¿_____ es tu dirección?

— Mi _____ es Avenida Diagonal, _____ cinco,
uno, siete.

— ¿En qué _____?

— En Barcelona. ¿Cuál _____ tu dirección?

— Avenida Condal, número _____.

ENCUENTROS

¿Cómo estás?

1. **¿Cómo estás?**
Write what each of the people in the drawings below would answer
if you asked them how they are.

1. _____

_____

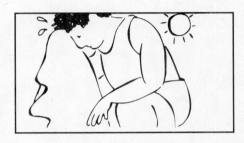

2. _____

_____

3. _____

_____

4. _____

_____

5. _____

_____

6. _____

_____

2. *¿Tú o usted?*
Write how you would greet the people in the drawings below.

1. _____

2. _____

3. _____

4. _____

5. _____

6. _____

3. **Diálogos**
Write two short dialogs: in the first one, you are meeting a friend; in the second, you are meeting a teacher.

_____

_____

_____

_____

_____

_____

_____

_____

ENCUENTROS

¿De dónde eres?

1. **Soy de...**
Based on what you have read, write a sentence answering each question below.

1. ¿De dónde es Carmen? _____

2. ¿Jaime es de Argentina? _____

3. ¿Es Marta de Colombia? _____

4. ¿Celia es de Perú? _____

5. ¿De dónde es Sergio? _____

2. **¿En qué país está?**
Write sentences matching cities and countries. You may want to consult the world map in your textbook.

París	India
Barcelona	China
Shanghai	Kenia
Londres	Australia
Roma	España
Sidney	Gran Bretaña
Nueva Delhi	Francia
Nairobi	Italia

1. _París es la capital de Francia._____

2. _____

3. _____

4. _____

5. _____

6. _____

7. _____

8. _____

3. *¿Yo, tú o él?*
Complete each sentence with the appropriate pronoun.

1. _____ son de Chile.   **2.** _____ es de Guatemala.

3. _____ es de Francia.   **4.** _____somos de
Estados Unidos.

4. **¿De dónde son?**
Complete each sentence with the appropriate form of *ser*.

1. Carolina _____ de San Sebastián, España.

2. Mi amigo y yo _____ de Cartagena, Colombia.

3. Pierre _____ de Cannes, Francia.

4. Fabio y Patricia _____ de Venecia, Italia.

5. Yo _____ de Nueva York.

6. Tú _____ de Montreal, Canadá.

ENCUENTROS

1. **¿Cuántos años tienen?**
Here are the forms of *tener* that you have learned.

TENER (*to have*)	
SINGULAR	
Subject Pronoun	**Verb**
yo	tengo
tú	tienes
usted/él/ella	tiene

Complete each sentence using the appropriate form of *tener* and the number in parentheses.

 1. Yo _____*tengo*_____ (14) _____*catorce*_____ años.

 2. Claudia _____ (18) _____ años.

 3. Tu amiga _____ (16) _____ años.

 4. Mi padre _____ (48) _____ años.

 5. Él _____ (15) _____ años.

 6. Tú _____ (21) _____ años.

¿De dónde es? ¿Cuántos años tiene?

3. **Tiene...**
Look at the map and answer the questions below.

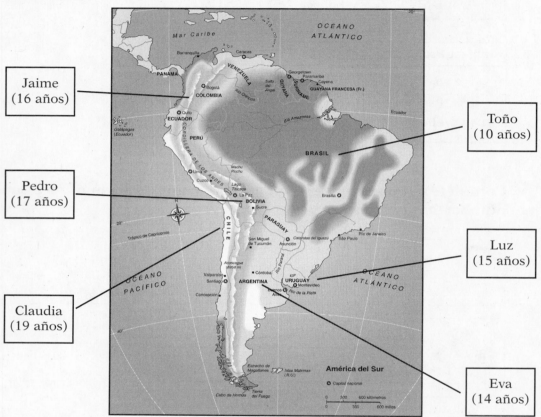

1. ¿De dónde es Pedro? ¿Cuántos años tiene? _*Es de Bolivia. Tiene*_
   *diecisiete años.*

2. ¿De dónde es Luz? ¿Cuántos años tiene? _____
   _____

3. ¿De dónde es Jaime? ¿Cuántos años tiene? _____
   _____

4. ¿De dónde es Claudia? ¿Cuántos años tiene? _____
   _____

ENCUENTROS

¿Quién eres?

1. **Mi mejor amigo**
Write a card for a "friendship album" with information about your best friend.

ÁLBUM DE LA AMISTAD

Mi amigo(a) se llama _____

Tiene _____ años.

Su dirección es _____

Su teléfono es _____

Su color favorito es_____

Su número favorito es _____

Su país favorito es _____

Su ciudad favorita es _____

---

2. Información personal

Complete the chart with information about you, your classmate, and your best friend.

YO

Nombre: *Me llamo...*
_____

Edad: *Tengo...*
_____

Color: *Mi color favorito es...*

Número: *Mi número favorito es...*

INFORMACIÓN PERSONAL

MI AMIGO(A)

Nombre: _____

Edad: _____

Color: _____

Número: _____

TÚ

Nombre: _____

Edad: _____

Color: _____

Número: _____

ENCUENTROS

¿Qué te gusta hacer?

1. **Me gusta... No me gusta...**
Write sentences saying which activities you like to do and which you do not. Choose your answers from the pictures below.

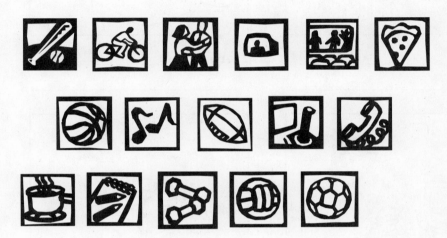

¿Qué te gusta hacer?	¿Qué no te gusta hacer?
1._____	1._____
2._____	2._____
3._____	3._____
4._____	4._____

2. **¿Te gusta...?**
These are the forms of *gustar* that you have learned.

me gusta	*I like*
te gusta	*you* (informal) *like*
le gusta	*you* (formal) *like*
le gusta	*he / she likes*

Complete the captions for the illustrations below, saying what these people like to do.

1. A mí _____

_____

2. A Jaime _____

_____

3. A Juana _____

_____

4. A ti _____

_____

5. A mi madre _____

_____

6. A Clara _____

_____

ENCUENTROS

La familia

3. **Mi familia**

Complete each sentence with the appropriate word from the box.

padre	hermano	abuela
hermana	abuelo	madre

Marta

1. Mi _____ se llama Marta.

Carlos

2. Mi _____ se llama Carlos.

Alberto

3. Mi _____ se llama Alberto.

Juana

4. Mi _____ se llama Juana.

Claudia

5. Mi _____ se llama Claudia.

Tomás

6. Mi _____ se llama Tomás.

2. Éste es...
Write a sentence to introduce these people to a friend of yours.

1. (tu hermana) *Ésta es mi hermana.*

2. (tu padre) _____

3. (tu abuela) _____

4. (tu hermano) _____

3. ¿Qué mascotas tienes?
Complete each sentence using *tener* and a pet shown below.

1. María *tiene un perro.* _____

2. Yo _____

3. Tú _____

4. Alfonso _____

5. Tu abuela _____

6. Mi hermano _____

ENCUENTROS

¿Cómo es?

1. **Mi amigo es...**
Write sentences describing the people listed below. Use adjectives from the box.

aburrido(a)	corto	interesante	pelirrojo(a)
alto(a)	divertido(a)	joven	rubio(a)
bajo(a)	guapo(a)	largo	simpático(a)
castaño(a)	inteligente	bonito(a)	viejo(a)

1. (your best friend) _____

2. (you and your family)_____

3. (your favorite actor / actress) _____

4. (your brother / sister) _____

5. (you) _____

6. (your favorite music group) _____

2. **¿Cómo soy?**
Write to your pen pal, describing yourself, your family, and your pets. Then write about things you like to do.

_____

_____

_____

_____

_____

3. **Busco a...**
Complete this ad for finding a lost pet.

Busco a mi _____ ——— Qué mascota tienes.

_____ ——— Cómo se llama
tu mascota.

_____ ——— Cómo es.

_____

_____ ——— Qué le gusta hacer.

Mi teléfono es el _____ ——— Cómo te llamas tú.

(   )

4. **¿Cómo son?**
Complete the sentences using the correct form of *ser* and the
appropriate adjective from the box.

1. Mi hermana _____

2. Mis amigas _____

3. Tú _____

4. Ustedes _____

5. Mi abuelo_____

6. Yo_____

- viejo
- simpáticos
- joven
- divertidas
- alta
- bajo

ENCUENTROS

¿Qué día es hoy?

1. **Hoy es...**
Write a sentence for each date listed below telling what day it is.

1. 11-3-78 _*Hoy es once de marzo de 1978.*_____

2. 25-10-36_____

3. 9-5-89 _____

4. 5-2-67 _____

5. 16-6-97_____

6. 31-1-98_____

2. **Los meses del año**
Write the name of an appropriate month under each drawing.

1._____ **2.**_____ **3.**_____ **4.**_____

5._____ **6.**_____ **7.**_____ **8.**_____

9._____ **10.**_____ **11.**_____ **12.**_____

3. **¿Cuándo es?**
Write four short dialogs using the information in the calendar.

MAYO

lunes	martes	miércoles	jueves	viernes	sábado	domingo
1 mi cumpleaños Natalia	2	3	4	5 Partido de béisbol	6	7
8	9 examen de español	10	11	12	13 María, 12 años	14
15	16	17 Beto, 22 años	18	19	20 Fiesta del Club de Español	21
22	23	24 el cumpleaños de Samuel	25	26	27 el cumpleaños de Isa	28 Graduación de Rubén
29	30					

1. *¿Cuándo es el cumpleaños de Samuel?*_____

_____

2. _____

_____

3. _____

_____

4. _____

_____

ENCUENTROS

¿Qué hora es?

1. **Son las...**
Write the time for each drawing.

1. _____
   _____

2. _____
   _____

3. _____
   _____

4. _____
   _____

5. _____
   _____

6. _____
   _____

7. _____
   _____

8. _____
   _____

2. **24 horas**
Write the time for each Spanish digital clock.

11:30	1. _Son las once y media de la mañana._
21:45	2. _____
00:13	3. _____
15:30	4. _____

3. **¿Te gustaría ir al cine?**
Write a short dialog for each drawing asking if a person would like
to do an activity and giving an answer. Use the expressions below.

Sí, ¡qué bueno! / Sí, ¿a qué hora? / No, tal vez otro día.

1. _____   2. _____

   _____   _____

   _____   _____

3. _____   4. _____

   _____   _____

   _____   _____

   _____   _____

ENCUENTROS

En la escuela

1. **Mi horario**
Fill in your class schedule in Spanish.

horas	lunes	martes	miércoles	jueves	viernes	sábado

2. **¿Cuándo tienes...?**
Answer these questions about your schedule.

1. ¿Cuándo tienes geografía?
Los lunes a las once.

2. ¿Cuándo tienes el almuerzo?
_____

3. ¿Cuándo tienes arte?
_____

4. ¿Cuándo tienes español?
_____

5. ¿Cuándo tienes historia?
_____

6. ¿Cuándo tienes matemáticas?
_____

3. **¿Cómo es la clase?**
List your subjects and write how they are.

un poco	interesante	muy
divertida	aburrida	difícil

	La clase de...	¿Cómo es?
1.	*historia*	*es muy interesante.*
2.		
3.		
4.		
5.		
6.		
7.		
8.		

4. **¿Qué materias tienes hoy?**
Answer the following questions about school.

1. ¿Qué materias tienes hoy?
Tengo matemáticas.
_____

4. ¿Cuál es tu clase favorita?
_____
_____

2. ¿Qué materias tienes mañana?
_____
_____

5. ¿Por qué?
_____
_____

3. ¿Cómo es la clases de ingles?
_____
_____

6. ¿A qué hora tienes el almuerzo?
_____
_____

ENCUENTROS

¿Qué hay en la clase?

1. **En la clase hay...**
Find fifteen classroom items hidden in this puzzle.

```
L  A  I  Y  U  L  B  O  L  I  G  R  A  F  O
A  U  B  U  B  O  R  R  A  D  O  R  C  P  E
P  P  G  I  U  T  G  I  K  T  D  S  O  D  S
I  O  L  I  B  R  O  H  J  M  X  P  M  M  C
Z  D  I  O  V  C  A  R  T  E  L  U  P  O  R
Y  A  S  T  D  F  I  G  Z  S  C  I  U  C  I
T  F  T  I  R  Q  P  N  A  A  V  R  T  H  T
R  T  E  C  S  N  O  L  T  S  E  T  A  I  O
E  V  E  N  T  A  N  A  M  A  P  A  D  L  R
C  U  A  D  E  R  N  O  B  É  B  S  O  A  I
Q  Y  H  T  B  N  A  S  S  U  U  O  R  S  O
J  K  N  T  I  Z  A  C  O  O  I  W  A  F  W
S  S  E  A  D  F  H  K  L  K  C  G  G  H  Q
T  D  I  C  C  I  O  N  A  R  I  O  G  D  A
```

2. **¿Qué necesitas?**
Answer the following questions.

1. ¿Qué necesitas para la clase de matemáticas?

_____

2. ¿Qué necesita la profesora para la clase de historia?

_____

3. ¿Qué necesito yo para la clase de español?

_____

4. ¿Qué necesita Ana para la clase de literatura?

_____

3. ¿Qué hay?
Label the items in the picture. Then describe four of them in the space below.

_____

_____

_____

_____

_____

_____

ENCUENTROS

¿Cuánto cuesta?

1. **Lista de precios**
Write the appropriate answer or question for each item.

> # ¡Aquí hay todas las cosas que usted necesita!
>
> | | |
> |---|---|
> | camisetas | 630 pesos |
> | bolígrafos | 95 pesos |
> | pilas | 375 pesos |
> | champú | 299 pesos |
> | mochilas | 999 pesos |
> | pasta de dientes | 320 pesos |
> | peines | 102 pesos |
> | cepillo de dientes | 347 pesos |
> | jabón | 185 pesos |
> | aspirinas | 265 pesos |
> | relojes | 935 pesos |
> | diccionarios | 869 pesos |

1. Q: ¿Cuánto cuestan los bolígrafos?

A: *Cuestan noventa y cinco pesos.*

2. Q: ¿Cuánto cuesta la pasta de dientes?

A: _____

3. Q: _____

A: El jabón cuesta ciento ochenta y cinco pesos.

4. Q: ¿Cuánto cuestan los peines?

A: _____

2. **Cuesta...**
Write how much the following items cost in Spanish pesetas.

1. (7.500) _____ *Una bicicleta cuesta 7.500 pesetas.* _____

2. (6.325) _____

3. (295) _____

4. (4.250) _____

5. (57.000) _____

6. (835) _____

7. (325) _____

8. (140) _____

3. **En la tienda**
Write four short dialogs that take place in a store.

1. *¿Cuánto cuesta un cepillo de* ___
dientes? ___
Cuesta dos dólares. ___

2. _____
_____
_____

3. _____
_____
_____

4. _____
_____
_____

ENCUENTROS

De compras

1. **¿Qué quieres comprar?**
Write a dialog for each picture below telling what you think the people might be saying.

En la farmacia

_____

_____

_____

_____

En la cafetería

_____

_____

_____

_____

En la librería

_____

_____

_____

_____

2. ¿Dónde está?

Say whether you would buy the following items in a store, pharmacy, or cafeteria. You may wish to add some others.

hamburguesa	cepillo de dientes	jabón
camiseta	champú	cartel
revista	batido de chocolate	pizza

En la farmacia   En la tienda   En la cafetería

_____   _____   _____

_____   _____   _____

_____   _____   _____

_____   _____   _____

_____   _____   _____

3. ¿Qué quieres comer?

Pretend you are in a cafeteria, and ask for the following food items.

1. *Un refresco, por favor.* _____

2. _____

3. _____

4. _____

SELF-TEST ¿QUÉ APRENDISTE?

1. En el aeropuerto

Write four words that you can find on the signs at an airport.

1. _____
2. _____
3. _____
4. _____

2. ¿Dónde está?

Write four possible answers for the question: ¿Dónde está el teléfono?

1. _____
2. _____
3. _____
4. _____

3. ¿Cómo te llamas?

Answer the questions below.

1. ¿Cómo te llamas?

   _____

2. ¿Cuál es tu dirección?

   _____

   _____

3. ¿Cómo se llama tu amigo(a)?

   _____

4. ¿Cómo estás?

1. Write the answer for each person below to the question: ¿Cómo estás?

1. _____   2. _____

2. Write how you would greet the people in the drawings.

155.32
223.02

la estudiante

el profesor

1. _____   2. _____

   _____   _____

5. ¿De dónde eres?

1. Complete each sentence with the form of *ser*.

1. Tú _____ de México.
2. Marta _____ de Bogotá.
3. Yo _____ de Sevilla.
4. Mi amigo_____ de Milán.

2. Answer the questions below.

1. ¿Dónde está Santiago?

   _____

2. ¿Dónde está Barcelona?

   _____

6. ¿Cuántos años tienes?

Say how old the people in the drawings are.

(52)   (27)

1. _____   2. _____

   _____   _____

7. ¿Quién eres?

Complete the following sentences saying what you prefer.

1. Mi color favorito es _____

2. Mi número favorito es _____

3. Mi ciudad favorita es _____

4. Mi país favorito es _____

8. ¿Qué te gusta hacer?

Write sentences saying if you like or dislike to do the activities suggested by the pictures.

 1. _____
_____

 2. _____
_____

 3. _____
_____

 4. _____
_____

 5. _____
_____

 6. _____
_____

9. La familia

1. Label the family members in this tree.

2. Write sentences saying what mascot the people listed below have.

 1. (María)_____
_____
_____

 2. (tú) _____
_____
_____

 3. (yo) _____
_____

10. ¿Cómo es?

Describe the following persons and pets.

1. mi amigo(a)
_____

2. mi hermano(a)
_____

3. mi perro
_____

4. mi gato
_____

11. ¿Qué día es hoy?

1. Write the day of the month for each of the following numbers.

3 _____

2 _____

11 _____

8 _____

2. Answer the following questions.

1. ¿Cuándo es tu cumpleaños?

_____

2. ¿Cuándo es el cumpleaños de tu amigo?

_____

12. ¿Qué hora es?

Write what time it is in each clock.

 1._____

 2._____

 3._____

 4._____

 5._____

6._____

13. En la escuela

Answer the following questions about your school schedule.

1. ¿Qué materias tienes este año?

_____

_____

_____

_____

2. ¿Cuándo tienes clase de matemáticas?

_____

3. ¿Cuándo tienes clase de historia?

_____

4. ¿A qué hora es la clase de español hoy?

_____

5. ¿Cuál es tu clase favorita?

_____

6. ¿Por qué?

_____

14. ¿Qué hay en la clase?

1. Make a list of objects you can find in a classroom. Name at least six.

_____

_____

_____

_____

_____

_____

2. Describe the following objects.

1. la pizarra _____

_____

2. la tiza _____

3. el libro _____

_____

4. el mapa _____

_____

15. ¿Cuánto cuesta?

Write a sentence asking how much each thing costs.

1. _____

_____

2. _____

_____

3. _____

_____

4. _____

_____

16. De compras

Write a dialog for each drawing.

En la farmacia

_____

_____

_____

_____

_____

_____

En la tienda

_____

_____

_____

_____

_____

En la cafetería

_____

_____

_____

_____

CHECK OFF THE WORDS AS YOU LEARN THEM

Greetings
- ❏ ¡Hola! *Hi!*
- ❏ Buenas días. *Good morning.*
- ❏ Buenas tardes. *Good afternoon.*
- ❏ Buenas noches. *Good evening / Good night.*
- ❏ ¿Qué tal? *What's up?*
- ❏ ¿Cómo estás? *How are you?* (familiar)
- ❏ ¿Cómo está? *How are you?* (formal)
- ❏ Muy bien. *Very well.*

Meeting People
- ❏ Ésta / Éste es... *This is . . .*
- ❏ Mucho gusto. *Nice to meet you.*
- ❏ ¿Cómo te llamas? *What's your name?*
- ❏ Me llamo... *My name is ...*
- ❏ ¿Cuál es tu apellido? *What's your last name?*
- ❏ ¿Cuál es tu dirección? *What's your address?*
- ❏ ¿Cuándo es tu cumpleaños? *When is your birthday?*
- ❏ ¿Cuántos años tienes? *How old are you?*
- ❏ Tengo... años. *I'm . . . years old.*
- ❏ ¿De dónde eres? *Where are you from?*
- ❏ Soy de... *I'm from . . .*
- ❏ ¿Y tú? *What about you?*

Polite Expressions
- ❏ Perdón. *Excuse me.*
- ❏ Por favor. *Please.*
- ❏ Gracias. *Thank you*
- ❏ De nada. *You're welcome.*

People
- ❏ la chica *girl*
- ❏ el chico *boy*
- ❏ el / la estudiante *student*
- ❏ el profesor *teacher*
- ❏ la profesora *teacher*

The Family
- ❏ la familia *family*
- ❏ la abuela *grandmother*
- ❏ el abuelo *grandfather*
- ❏ los abuelos *grandparents*
- ❏ la hermana *sister*
- ❏ el hermano *brother*
- ❏ los hermanos *brothers and sisters*
- ❏ la madre *mother*
- ❏ el padre *father*
- ❏ los padres *parents*

Pets
- ❏ el gato *cat*
- ❏ el pájaro *bird*
- ❏ el perro *dog*
- ❏ el pez *pez*
- ❏ el ratón *mouse*
- ❏ la tortuga *turtle*

Farewells
- ❏ Adiós. *Good-bye*
- ❏ Chau. *Bye*
- ❏ Hasta luego. *See you later.*
- ❏ Hasta mañana. *See you tomorrow.*

Expressions of Time
- ❏ ¿Cuándo? *When?*
- ❏ después *later*
- ❏ hoy *today*
- ❏ mañana *tomorrow*
- ❏ esta semana *this week*
- ❏ ¿Qué hora es? *What time is it?*
- ❏ Son las... / Es la... *It is . . .*
- ❏ ... menos cuarto *quarter to . . .*
- ❏ ... y media *half past . . .*
- ❏ ... y cuarto *quarter past . . .*
- ❏ ¿A qué hora? *At what time?*
- ❏ A las... *At . . .*
- ❏ por / de la mañana *in the morning*
- ❏ por / de la tarde *in the afternoon*
- ❏ por / de la noche *in the evening*

Expressions of Location
- ❏ ¿Dónde está? *Where is it?*
- ❏ ¿Dónde están? *Where are they?*
- ❏ A la derecha. *To the right.*
- ❏ A la izquierda. *To the left.*
- ❏ Está allí. *It's there.*
- ❏ Está aquí. *It's here.*

At the Airport
- ❏ el autobús *bus*
- ❏ la salida *exit*
- ❏ los servicios *restrooms*
- ❏ el taxi *taxicab*
- ❏ el teléfono *telephone*

Foods and Refreshments
- el batido de chocolate *chocolate milkshake*
- la hamburguesa *hamburger*
- la limonada *lemonade*
- el refresco *soft drink*
- el sándwich *sandwich*

Going Shopping
- Necesito... *I need . . .*
- Quiero... *I want . . .*
- la camiseta *T-shirt*
- el cepillo de dientes *toothbrush*
- el champú *shampoo*
- el jabón *soap*
- el pasta de dientes *toothpaste*
- el peine *comb*
- el revista *magazine*
- el tarjeta postal *postcard*

Descriptions
- aburrido(a) *boring*
- alto(a) *tall*
- bajo(a) *short*
- corto(a) *short*
- difícil *difficult*
- divertido(a) *funny, fun, amusing*
- fácil *easy*
- favorito(a) *favorite*
- grande *big, large*
- guapo(a) *good-looking*
- inteligente *intelligent*
- interesante *interesting*
- joven *young*
- largo(a) *long*
- nuevo(a) *new*
- pequeño(a) *small*
- viejo(a) *old*

Places
- la avenida *avenue*
- la cafetería *cafeteria*
- la calle *street*
- el cine *movie theater*
- la ciudad *city*
- la clase *classroom*
- la escuela *school*
- la farmacia *drugstore*
- el gimnasio *gym*
- el país *country*
- el restaurante *restaurant*
- la tienda *shop*

Classroom Items
- el bolígrafo *pen*
- el borrador *eraser*
- el cartel *poster*
- la cinta *tape*
- la computadora *computer*
- el cuaderno *notebook*
- el diccionario *dictionary*
- el escritorio *desk*
- el lápiz *pencil*
- el libro *book*
- el mapa *map*
- la mochila *backpack*
- la pizarra *chalkboard*
- la silla *chair*
- la tiza *chalk*

Invitations
- ¿Te gustaría...? *Would you like to . . .?*
- Sí, ¡qué bueno! *Yes, great!*
- No, tal vez otro día. *No, maybe another day.*
- ¡Qué lástima! Tengo otros planes. *What a shame! I have other plans.*

Favorite Activities
- bailar *to dance*
- cocinar *to cook*
- comer pizza *to eat pizza*
- dibujar *to draw*
- escuchar música *to listen to music*
- hablar por teléfono *to talk on the phone*
- ir al cine *to go to the movies*
- ir al gimnasio *to go to the gym*
- jugar al baloncesto *to play basketball*
- jugar al béisbol *to play baseball*
- jugar al fútbol *to play soccer*
- jugar al fútbol americano *to play football*
- jugar al voleibol *to play volleyball*
- leer *to read*
- mirar la televisión *to watch television*
- montar en bicicleta *to ride a bike*

Likes and Dislikes
- ¿Te gusta? *Do you like to . . . ?*
- Sí, me gusta mucho. *Yes, I like it.*
- No me gusta. *I don't like it.*
- ¿Qué te gusta hacer? *What do you like doing?*
- ¿Y a ti? *What about you?*
- A mí también. *Me too.*
- A mí tampoco. *Me neither.*

UNIDAD 1, CAPÍTULO 1
¡DESCUBRE LA CIUDAD!

CONVERSEMOS

1. **¿Qué te gusta hacer?**
Using **me gusta** *with an activity*

Write sentences using *me gusta* or *no me gusta* with the activities in the pictures.

1. *Me gusta patinar. / No me gusta patinar.*_____

2._____

3._____

4._____

2. **¿Qué vas a hacer?**
Using **ir a** *with an activity*

Based on the weather shown in the pictures, tell what you are going to do. Choose activities from the box below.

visitar un museo	sacar fotos	pasear en bote
patinar	caminar por el parque	ir al cine

1. *Voy a ir al cine.*_____

2._____

3._____

4._____

REALIDADES

1. Un paseo por Ciudad de México
Reading comprehension

Based on what you have read about Mexico City, answer the questions.

1. ¿Cómo es el Teatro Poliforum? *El Teatro Poliforum es muy moderno*.

2. ¿Adónde van a bailar los jóvenes? _____

3. ¿Qué lugar es muy antiguo?_____

4. ¿Dónde están los mariachis? _____

2. ¿Cómo es?
Using new adjectives

Choose the best word to complete each sentence and write it in the space provided.

1. Mekano es una discoteca *padrísima* .

    a. aburrida   **b.** barata   **c.** padrísima

2. La Plaza Garibaldi es un lugar muy_____ .

    a. bueno   **b.** divertido   **c.** antiguo

3. Los chicos compran en los "tianguis". Allí todo es muy_____ .

    a. aburrido   **b.** barato   **c.** bueno

4. El Teatro Poliforum es_____ .

    a. antiguo   **b.** moderno   **c.** pequeño

3. ¿Qué te gustaría?
Expressing your point of view

Choose two places in Mexico City that you would like to visit. Write sentences beginning with *"Me gustaría visitar. . ."*

1. _____

2. _____

PALABRAS EN ACCIÓN: VOCABULARIO

1. **En la ciudad**
Practicing vocabulary: places in the city

Match the places in the box with the appropriate descriptions below.

el centro comercial	la biblioteca	el parque
el quiosco	la tienda de música	la estación del metro

1. Es el lugar donde está el metro. ___*la estación del metro*___

2. Hay muchos libros que puedes leer. _____

3. Aquí venden muchos periódicos y revistas. _____

4. En este lugar puedes pasear en bote y sacar fotos. _____

5. Vas a este lugar para comprar discos compactos. _____

6. Hay muchas tiendas y restaurantes. _____

2. **¿Cómo vas?**
Practicing vocabulary: means of transportation

Write a sentence telling how you are going to each place. Use the pictures as cues.

1. La casa de la abuela está lejos. ___*Voy en coche.*___

2. Quiero ir a Europa este verano. _____

3. El quiosco está cerca. _____

4. Quiero ir al centro. _____

5. Quiero ir a la discoteca. _____

6. Me gustaría ir al parque. _____

3. ¿Qué compras?
Practicing vocabulary: shopping items

Write sentences by matching the items and places in the two boxes.

Items you can buy
una camiseta
libros
una revista
plátanos
artesanías
discos compactos

Places to go shopping
al quiosco
a la tienda de artesanías
al centro comercial
a la tienda de música
a la librería
al mercado

1. *Para comprar una camiseta voy al centro comercial.*

2._____

3._____

4._____

5._____

6._____

4. ¿Qué te gustaría hacer?
Practicing vocabulary: activities

Write sentences telling what each person would like to do this weekend.

1. Pepe / visitar un museo ___*Le gustaría visitar un museo.*___

2. Sara / patinar _____

3. yo / ir al gimnasio _____

4. usted / sacar fotos _____

5. Jaime / pasear en bote _____

6. tú / montar en bicicleta _____

PARA COMUNICARNOS MEJOR: GRAMÁTICA

Forms and uses of the verb *ir*

IR			
SINGULAR		PLURAL	
Subject Pronoun	Verb	Subject Pronoun	Verb
yo	voy	nosotros(as)	vamos
tú	vas	vosotros(as)	vais
usted / él / ella	va	ustedes / ellos / ellas	van

- To say that you are going somewhere, use the present tense of the verb *ir* with the preposition *a* and the name of the place.

  Vamos a la biblioteca.   ***We are going to the library.***

- When *a* precedes the definite article *el,* the contraction *al* is used.

  Voy al centro.   ***I am going downtown.***

- To say that you are going to do something, use the present tense of *ir* with *a* and the infinitive of another verb.

  Él va a cocinar.   ***He is going to cook.***

1. ¿Adónde van?

Practicing **ir a** *to say where someone is going*

Write sentences using the appropriate form of *ir*.

1. ustedes / la plaza *Ustedes van a la plaza.*

2. tú / el estadio _____

3. Enrique / la iglesia _____

4. yo / el quiosco _____

5. nosotros / la biblioteca _____

6. tus amigos / el centro comercial _____

2. **¿Qué van a hacer?**
Practicing **ir a** + infinitive

Write sentences using the appropriate form of *ir*.

1. Él / caminar / a la estación *Él va a caminar a la estación.*

2. Yo / leer / el periódico _____

3. María y Raúl / sacar fotos _____

4. Nosotros / pasear en bote _____

5. Tú / visitar / el museo _____

6. Usted / comprar / el jabón _____

7. Ellas / hablar por teléfono _____

8. Yo / mirar / la televisión _____

3. **Visitando la ciudad**
Practicing the present tense of **ir**

Complete each sentence on the right with the correct form of *ir*. Then write an appropriate question on the left, also using the correct form of *ir*.

<u>Pregunta</u>	<u>Respuesta</u>
1. ¿_____?	Yo _____ al teatro a las tres.
2. ¿_____?	Tú y yo _____ al museo.
3. ¿_____?	Carla _____ a la biblioteca.
4. ¿_____?	Nosotros_____ al mercado.

NOMBRE_____FECHA_____

PARA COMUNICARNOS MEJOR: GRAMÁTICA

The present tense of *-ar* verbs

- In Spanish, there are three major groups of verbs, which can be identified by the endings of the infinitives. In English, infinitives are preceded by *to*; in Spanish, infinitives end in *-ar*, *-er*, or *-ir*. You have already seen some examples of each type of verb.

caminar	*to walk*
comer	*to eat*
escribir	*to write*

- In both Spanish and English, verbs change depending on the subject. This is called *conjugating* the verb. In Spanish, to show who is performing the action, add different endings to the stem of the verb. With *-ar* verbs, you will find the stem by dropping the *-ar* from the infinitive.

bailar *(to dance)*	**bail-**
visitar *(to visit)*	**visit-**

- The endings of regular *-ar* verbs are show in the chart below.

stem	ending		stem	ending	
bail +	-o	= bailo	bail +	-amos	= bailamos
bail +	-as	= bailas	bail +	-áis	= bailáis
bail +	-a	= baila	bail +	-an	= bailan

1. **Esta tarde, en la ciudad**
Practicing the present tense of –ar verbs

Complete each statement with the appropriate form of the verb in parentheses.

1. Mi hermana (cantar) _____*canta*_____ una canción.

2. Tú (pasear) _____ en bote en el lago de Chapultepec.

3. Quique y tú (patinar) _____ por la calle.

4. Yo (visitar) _____ el Museo de Antropología.

5. Joaquín y yo (bailar) _____ salsa todos los fines de semana.

6. Miguel y José (comprar) _____ refrescos para la fiesta.

7. Toño (mirar) _____ el partido de baloncesto.

8. Nosotros (escuchar) _____ música en la fiesta.

JUNTOS UNO Activity Book   Capítulo 1: Para comunicarnos mejor 2   23

NOMBRE_____ FECHA_____

2. Muchas actividades
Practicing the present tense of -ar verbs

Write sentences using the information below and the correct form of each -ar verb.

1. Juan / cocinar / muy bien *Juan cocina muy bien.*

2. Mi abuela / mirar / la televisión _____

3. Inés y tú / comprar / artesanías _____

4. Tomás y yo / escuchar / música _____

5. Yo / sacar / fotos / _____

6. Tú / patinar / con tus hermanos _____

3. ¿Quién hace qué?
Practicing the present tense of –ar verbs

Write sentences by matching the words in the two boxes. Then use the sentences to answer the questions below.

¿Quién...	...hace qué?
Mis hermanos	compran pizza
Tú y yo	paseas en bote
Javier	patina muy bien
Yo	cocinamos todos los días
Tú	canto jazz

1. ¿Quién patina muy bien? *Javier patina muy bien.*

2. ¿Quién cocina todos los días? _____

3. ¿Quién compra pizza? _____

4. ¿Quién canta jazz? _____

5. ¿Quién pasea en bote? _____

REPASO

1. **¿Qué hay en la ciudad?**
Reviewing vocabulary: places in the city, means of transportation, activities
Put the words below into three categories.

la iglesia	en metro	sacar fotos
patinar	ir al cine	la plaza
en autobús	el mercado	pasear en bote
en coche	la librería	en bicicleta
a pie	visitar un museo	la escuela

Places in the city	Ways to get around in the city	Activities
la iglesia	*en coche*	*patinar*

2. **¿Qué hacen?**
Reviewing the present tense of -ar verbs
Complete each sentence with the appropriate form of a verb from the list.

1. Yo _____*canto*_____ la nueva canción de Selena.

2. Mis hermanos _____ la televisión.

3. Marta _____ un sándwich.

4. Él _____ en el restaurante Casa Raúl.

5. Nosotros _____ el tango los sábados.

6. Tú _____ con tu compañera.

7. Yo _____ la radio.

8. Nicky y Miriam _____ por teléfono.

Verbs
• bailar
• hablar
• escuchar
• trabajar
• caminar
• mirar
• preparar
• cantar

3. En el parque
Writing sentences using **-ar** *verbs*

Write sentences about what each person is doing. Try to use as many -*ar* verbs as possible.

1._____
_____
_____

2._____
_____
_____

3._____
_____
_____

4. ¿Y tú?
Expressing your point of view

Write sentences about what you usually do in the park. Name at least three activities.

_____
_____
_____
_____

¿QUÉ APRENDISTE?

1. ### ¿Qué vamos a hacer?
Self test: places in the city, means of transportation, present tense of **ir**

Write sentences about where in Mexico City these people are going to go.

¿Quién?	Lugar	¿Cómo vas?	Actividades
Yo	*Voy a ir al parque de Chapultepec*	*Voy a ir en metro.*	*Voy a pasear en bote.*
Tu madre			
Mis hermanos y yo			
Mis amigos			
Tú			

2. ### Actividades
Self-test: present tense of **-ar** *verbs*

Complete the following sentences.

1. Tú bailas muy bien y yo _____ muy bien.

2. Manuela compra discos compactos y yo _____ libros.

3. Yo escucho música y mis amigos _____ la televisión.

4. Mis amigos y yo visitamos el museo y _____ fotos.

5. Nosotros patinamos en el parque y tú _____ en la calle.

6. Tú bailas los fines de semana y yo _____ en bicicleta.

7. Ella compra por la mañana y tú _____ por la tarde.

8. Él pasea por el parque el sábado. ¿Cuándo _____ tú?

3. ¿Qué te gusta hacer en la ciudad?

Self-test: applying what you have learned

Write a dialog about what you and your partner like to do in the city. Then practice the dialog with your partner.

¿Qué te gusta _____
hacer en la _____
ciudad? _____

A.
Ask what your partner likes to do in the city.

B.
Respond. Ask the same question.
_____
_____

A.
Respond. Ask if he/she is going to that place now.
_____
_____
_____
_____
_____

B.
Respond. Ask where he/she is going.
_____
_____

A.
Respond. Ask how he/she is getting to his/her destination.
_____
_____

B.
Respond and say good-bye.
_____
_____

UNIDAD 1, CAPÍTULO 2
¿QUÉ VAS A COMER?

1. **¿Qué te gusta comer?**
Using new vocabulary: foods and drinks

Complete the sentences, using the food items suggested by the pictures.

1. Para desayunar, generalmente como *cereal con leche.*

2. En la comida como _____ y tomo _____

3. En la cena como _____ y tomo _____

4. En la cafetería de mi escuela hay _____

2. **En un restaurante mexicano**
Using new vocabulary: in a restaurant

Match the questions below with the responses in the box.

No, gracias. No quiero nada más.	Sí, tengo hambre.	Sí, quiero un yogur con frutas.
Es deliciosa.	Sí, quiero agua.	Voy a pedir el pescado.

1. ¿Tienes hambre? *Sí, tengo hambre.*

2. ¿Tienes sed? _____

3. ¿Qué vas a pedir? _____

4. ¿Quieres un postre? _____

5. ¿Algo más? _____

6. ¿Cómo es la comida mexicana? _____

REALIDADES

1. **¿Qué comemos en México?**
Reading comprehension

Based on what you have read about food in Mexico, answer each question.

1. ¿Qué venden en los restaurantes de comida rápida?
   Venden hamburguesas y papas fritas.

2. ¿Qué compran los mexicanos en las taquerías?
   _____

3. ¿Qué restaurantes hay en México?
   _____

4. ¿Qué venden en el mercado?
   _____

2. **¿Qué vas a pedir?**
Applying your thinking skills.

Based on the reading, choose the best word to complete each sentence.

rápida	deliciosas	frescas
vegetarianos	verdes	caras
padrísima	picantes	

1. Los tacos y las enchiladas son ___*picantes*___ .

2. La comida en las taquerías es _____ .

3. Las papas fritas son _____ .

4. En el mercado hay frutas y verduras _____ .

5. Las taquerías no son _____ .

6. En muchas cafeterías venden comida _____ .

7. En México hay restaurantes _____ .

8. En el mercado hay chiles _____ .

PALABRAS EN ACCIÓN: VOCABULARIO

1. **Comidas y bebidas**
Practicing vocabulary: foods and drinks

Label each food item in this drawing.

2. **¡Buen provecho!**
Practicing vocabulary: foods

List the words in the box under the appropriate category below.

el pollo	la manzana	el bistec
la lechuga	los frijoles	la piña
el plátano	el jamón	el aguacate
la naranja	las papas	la hamburguesa

las frutas	**la carne**	**las verduras**
1. *el plátano*		
2.		
3.		
4.		

3. Comer y beber
Practicing vocabulary: foods and drinks

Circle the word that does not belong in each group. Then use that word in a sentence.

1. la naranja   la manzana   el plátano   el arroz
*Me gusta el arroz con pollo.*_____

2. la leche   el cáfe   el yogur   el refresco
_____

3. los refrescos   la comida   la cena   el desayuno
_____

4. el bistec   las papas   el jamón   el pollo
_____

5. la enchilada   el cereal   el taco   la tortilla
_____

6. provecho   picante   dulce   caliente
_____

7. el jugo de naranja   los huevos   el cereal   el helado de vainilla
_____

8. el tenedor   el cuchillo   la cuchara   la taquería
_____

4. ¿Te gusta o no te gusta?
Expressing your point of view

Write sentences telling whether or not you like the following food and drinks.

1. pescado _*Me gusta comer pescado.*_____

2. yogur _____

3. papas fritas _____

4. verduras _____

5. jamón _____

6. leche _____

7. jugos de fruta _____

8. pastel de chocolate _____

PARA COMUNICARNOS MEJOR: GRAMÁTICA

Gustar + noun; *gustar* + infinitive

To talk about things you like or dislike, use the verb *gustar* and a noun.

• To say that you or another person likes or dislikes one thing, use **gusta** followed by a singular noun.

Me gusta el arroz con frijoles.	*I like rice and beans.*
¿No te gusta el café?	*¿Don't you like coffee?*

• To say that you or another person likes or dislikes more than one thing, use **gustan** followed by a plural noun.

No me gustan los plátanos.	*I don't like bananas.*
¿Le gustan las manzanas?	*¿Does he like apples?*

• **Le gusta / le gustan** can mean *you* (formal) *like*, *he likes*, and *she likes*.

• For emphasis or clarity; use **a** with **mí, ti, usted, él, ella,** or a name before the appropriate form.

• To say that you or someone else likes to do something, use **me, te,** or **le** with **gusta** and the infinitive of another verb.

Me gusta comer pizza.	*I like to eat pizza.*

1. **¿Te gusta?**
Practicing forms of **gustar**

Complete the sentences with *me, te,* or *le* and *gusta* or *gustan*.

1. A mí no _____*me gusta*_____ la sopa.

2. A ti _____ el bistec.

3. A Joaquín no _____ la ensalada de tomate.

4. A mí _____ los sándwiches de queso.

5. A Sara _____ las papas fritas.

6. A mi hermano _____ los tacos picantes.

2. **¿Qué comidas te gustan?**
Practicing forms of **gustar**

Complete each sentence with the appropriate form of *gustar*.

1. Las hamburguesas me (gusta / gustan) _____*gustan*_____ mucho.

2. A Juan le (gusta / gustan) _____ comer al aire libre.

3. A ti te (gusta / gustan) _____ los frijoles

4. A mí me (gusta / gustan) _____ compartir el postre.

5. ¿Te (gusta / gustan) _____ las verduras?

6. A usted le (gusta / gustan) _____ el aguacate con atún.

7. No me (gusta / gustan) _____ los huevos con mantequilla.

8. A mi primo le (gusta/gustan) _____ la comida picante.

3. **¿Qué te gusta?**
Practicing forms of **gustar**

Make statements about foods you like and do not like.

Comidas que me gustan	Comidas que no me gustan
1. _____	**1.** _____
2. _____	**2.** _____
3. _____	**3.** _____

4. **¿Qué quiere pedir?**
Practicing forms of **gustar**

Write a short dialog between two friends who are discussing the menu in a restaurant.

_____

_____

_____

_____

PARA COMUNICARNOS MEJOR: GRAMÁTICA

The present tense of *-er* and *-ir* verbs

- In Spanish there are infinitives that end in **-er**. Some regular verbs of this kind are **comer** and **beber**. These verbs are called **-er** verbs.

COMER *(to eat)*				
SINGULAR		PLURAL		
Subject Pronoun	stem + ending	Subject Pronoun	stem + ending	
yo	com -o	nosotros(as)	com -emos	
tú	com -es	vosotros(as)	com -éis	
usted / él / ella	com -e	ustedes / ellos / ellas	com -en	

- *Escribir, to write* and **compartir,** *to share,* belong to a third class of verbs whose infinitives end in **-ir**. The endings of **-ir** verbs are the same as those of **-er** verbs, except for the **nosotros** form, which ends in **-imos: vivimos,** and the **vosotros** form, which ends in **-ís: vivís.**

ESCRIBIR *(to write)*				
SINGULAR		PLURAL		
Subject Pronoun	stem + ending	Subject Pronoun	stem + ending	
yo	escrib -o	nosotros(as)	escrib -imos	
tú	escrib -es	vosotros(as)	escrib -ís	
usted / él / ella	escrib -e	ustedes / ellos / ellas	escrib -en	

1. ¿Qué comen?
Practicing the forms of **-er** *and* **-ir** *verbs*

Tell what you and your family eat at each meal.

1. (el perro) *El perro come bistec en el desayuno.*

2. (yo) _____

3. (tú) _____

4. (mi hermano/a) _____

5. (mis padres) _____

6. (tú y yo) _____

2. ¿Qué hacen?
Practicing the forms of –er and –ir verbs

Complete each sentence with the appropriate verb from the box.

escribo	bebes	come	comemos
lee	compartimos	comparten	escribe

1. Juan _____*come*_____ cereales con leche para el desayuno.

2. Tú _____ jugo de manzana.

3. Y ellos, ¿_____ la pizza con su familia?

4. Usted le _____ cartas a su madre.

5. Nosotros _____ en un restaurante italiano los domingos.

6. Yo _____ mi nombre en la pizarra.

7. Mi prima y yo siempre _____ el postre.

8. Ella _____ el anuncio de la revista.

3. En una cafetería
Practicing the forms of -er and -ir verbs

Write complete sentences using the information given below.

1. Yo / comer / papas fritas / con el bistec

_____

2. Roberto / compartir / el pastel / conmigo

_____

3. Nosotros / no / comer / cereales con leche

_____

4. Usted / compartir / la pizza / con ella

_____

5. ¿Qué / comer / tú / para la cena?

_____

6. Ellos / compartir / la ensalada de aguacate

_____

REPASO

1. Sopa de letras
Reviewing vocabulary: food

In the puzzle, find nine words for foods and one word for a place to eat, writing them in the blanks provided.

```
P O N M R F E T S O M P
S C E R E A L M A E E F
B E M A N O T A P T L R
P T B E R N D V E K O M
A L H A C D E H S N N O
N M R S K R J O V Q N K
A T V T D Z V R R A E H
W O X U Y E H A T R D F
S M R E U A T A M O N B
V A H H M A L T C S E D
S T O Y A P I R S E N G
A E Q T K O C N U U L O
T N U C V S E Y P Q Z N
U E T N A R U A T S E R
```

1. _____
2. _____
3. _____
4. _____
5. _____
6. _____
7. _____
8. _____
9. _____
10. _____

2. ¿Cómo es?
Reviewing noun and adjective agreement

Complete each sentence with the appropriate form of an adjective from the list. Use each adjective once.

1. Los aguacates son ___*deliciosos.*___
2. La sopa de verduras está _____
3. La comida en el restaurante Mar es _____
4. Los frijoles son _____
5. El batido está _____
6. ¿Te gustan las salsas _____
7. Muchos chiles son _____
8. El helado de vainilla es _____

Adjectives
• caliente
• caro
• delicioso
• fresco
• frío
• horrible
• picante
• rico

3. ¿Qué comes?
Reviewing the present tense of **-er** *and* **-ir** *verbs*

Complete the dialog, using correct forms of *comer, compartir,* **or** *beber.*

Héctor: ¿Qué ____*comes*____ en el desayuno?

Elisa: _____ huevos con jamón. Y tú y tu familia,

¿qué_____ ?

Héctor: Nosotros _____ cereal o pan con mantequilla. ¿Qué

bebes?

Elisa: Yo _____ leche o jugo de manzana. ¿Y ustedes?

Héctor: Mis hermanas y yo _____ chocolate caliente. Mis

padres _____ café. Y en el almuerzo, ¿qué

_____ ustedes?

Elisa: Mi hermano y yo _____ una pizza. Mis padres

_____ una ensalada.

4. Y a ti, ¿qué te gusta?
Reviewing forms of **gustar**

Answer the following questions, telling what you and your friend like and do not like.

1. ¿Qué comidas y bebidas te gustan y no te gustan en el almuerzo?

_____

_____

_____

_____

2. ¿Qué comidas le gustan a tu compañero(a)?

_____

_____

_____

_____

_____

NOMBRE_____ FECHA_____

¿QUÉ APRENDISTE?

1. El menú de...
Self-test: food

Complete the chart with the kind of food you would find in each of the following restaurants.

RESTAURANTES	MENÚS
Taquería *Chapultepec*	*Tacos de pollo, tacos de chorizo, refrescos...*
Restaurante *El metro* (especialidad en comida rápida)	
Restaurante *Monterrey* (Comida típica mexicana)	
Restaurante *El buen desayuno* (Desayunos las 24 horas)	

2. ¿Qué te gustaría comer?
Self-test: food

You are inviting some friends over for dinner, but each one is very particular. Tell what you would offer each of them.

1. Carmen es vegetariana. *¿Te gustaría una ensalada de tomate y cebolla?*

2. A Pepe le gusta mucho la carne. _____

3. A Ana le encantan los postres. _____

4. Julia es italiana. _____

3. ¿Quieres comer conmigo?

Self-test: applying what you have learned

Write a dialog about what you and your partner would like to eat for lunch. Then practice the dialog with your partner.

¿Dónde vas a comer hoy?

A. Ask your partner where he/she is going to eat today.

B. Respond. Ask if he/she would like to eat with you.

A. Respond. Ask what he/she likes to eat.

B. Respond. Ask what he/she will eat today.

A. Respond. Ask the same question.

B. Respond. Ask what he/she is going to drink.

A. Respond. Ask if he/she would like to share a dessert with you.

B. Respond.

UNIDAD 1, ADELANTE

DEL MUNDO HISPANO

1. ¿Qué hay en Chapultepec?
Reading comprehension

Based on what you have learned about Chapultepec, complete each sentence by including one of the places listed below.

El Castillo	el parque zoológico
Chapultepec Mágico	el Museo de Antropología
el Papalote	el Teatro del Bosque

1. _*El parque zoológico*_ también protege a los animales.

2. La montaña rusa es una de las atracciones de _____ .

3. _____ está en la cima del Monte de Chapultepec.

4. En _____ hay exposiciones de ciencia y tecnología.

5. La estatua del dios de la lluvia está en _____ .

6. En _____ hay conciertos y obras de teatro.

2. Actividades en el Bosque
Applying your thinking skills

Decide which activities can be done in Chapultepec Park and which cannot, and write them below.

ACTIVIDADES	
visitar el estadio	ir al gimnasio
comer tacos	ir a la farmacia
cocinar	pasear en bote
escuchar música	patinar

En Chapultepec puedo:
comer tacos
_____

_____

_____

_____

En Chapultepec no puedo:
_____

_____

_____

_____

3. **¿Qué sabes sobre Chapultepec?**
Reading comprehension

Answer each question about Chapultepec, using one of the cues from the box in your answer.

Chapultepec Mágico	"monte de los chapulines"
El Castillo	no hay coches
más de 2.500	venden comida mexicana deliciosa

1. ¿Por qué es seguro y divertido patinar en Chapultepec?
  Es seguro y divertido porque no hay coches.

2. ¿Cómo se llama el parque de diversiones de Chapultepec?
  _____

3. ¿Por qué es Chapultepec un lugar ideal para hacer picnics?
  _____

4. ¿Qué edificio histórico es hoy el Museo Nacional de Historia?
  _____

5. ¿Cuántos animales hay en el parque zoológico?
  _____

6. ¿Qué quiere decir *chapultepec* en la lengua de los aztecas?
  _____

4. **En Chapultepec me gustaría...**
Expressing your point of view

Write five sentences about what you would like to do in Chapultepec.

1. _____

2. _____

3. _____

4. _____

5. _____

TALLER DE ESCRITORES

1. **Un cartel turístico de tu ciudad**
Applying your writing skills

Make a poster, like the one on this page, of your own city or town. Include some of the information listed below. You may want to decorate your poster with photos or drawings. Use a separate sheet of paper for this project.

- Places of interest you can visit
- Activities you can do in each place
- Restaurants and typical food you can eat there
- Special things you can buy
- Means of transportation

Visita Ciudad de México

Puedes pasear en bote por el Parque de Chapultepec y visitar el Museo Nacional de Antropología.

También puedes escuchar música de mariachis en la Plaza Garibaldi y visitar el Palacio de Bellas Artes.

Si te gusta comer bien, puedes ir a muchos restaurantes al aire libre y comer arroz con pollo. Y si te gusta la comida picante, en las taquerías puedes comprar tacos, enchiladas y tortillas.

¡Ciudad de México es padrísima!

2. **Y a ti, ¿qué te gusta?**
Expressing your point of view

Write sentences about your likes and dislikes.

• ¿Qué te gusta comer?

1. _____

2. _____

• ¿Qué no te gusta comer?

1. _____

2. _____

• ¿Qué te gusta hacer en la ciudad?

1. _____

2. _____

3. **Otras fronteras**
Writing about science, art, archaeology, and history

Answer the following questions.

¿Qué tipo de ciencia te gusta estudiar?

CIENCIAS _____

_____

_____

MARIPOSA _____
MONARCA
MARAVILLOSA

¿Qué lugares antiguos de México te gustaría visitar?

ARQUEOLOGÍA _____

_____

_____

EL CALENDARIO
AZTECA

¿Te gusta el cuadro *Tienda de* ? *legumbres*, de Elena Climent? ¿Por qué?

ARTE _____

_____

_____

_____

TIENDA DE
LEGUMBRES

¿De qué color es la bandera de Estados Unidos?

_____

_____

HISTORIA _____

_____

_____

EL ÁGUILA Y LA _____
SERPIENTE

RESUMEN

1. **Diario de viaje**
Reviewing what you have learned

You are visiting Mexico. Write notes in your travel diary, telling what places you are visiting and what you are doing there. Use the suggestions from the boxes.

• el Bosque de Chapultepec
• Teotihuacán
• la Plaza Garibaldi
• Coyoacán
• el Museo Nacional de Antropología
• Chapultepec Mágico
• la Pirámide del Sol y a la Pirámide de la Luna
• el Palacio de Bellas Artes

comprar postales
sacar fotos
comer tacos
escuchar música
visitar los museos
patinar
escuchar conciertos
comprar artesanías

1. *Voy a la Plaza Garibaldi. Allí escucho música.*_____

2. _____

3. _____

4. _____

5. _____

6. _____

7. _____

8. _____

2. **Un menú mexicano**
Expressing your point of view

Write a paragraph telling what you plan to eat and drink during a day in Mexico City. You want to try several Mexican specialties.

En el desayuno voy a comer _____*cereal con leche*_____ y a beber

_____ . En la comida voy a comer

_____ y a beber _____ . En la

cena voy a comer _____ y a tomar

_____ .

3. Una ficha de cocina
Reading a recipe and creating your own

Using the card below as a model, make a recipe card for a dish you enjoy. You can use photos or drawings to decorate your card.

Name of the recipe

List of the ingredients you need and their quantities

TACOS DE CARNE

Ingredientes:
- 1/2 libra de carne
- 1 cebolla
- 2 cucharadas de aceite
- 12 tortillas de maíz
- 1/2 libra de queso
- 1/2 taza de crema

- 1 lechuga
- 2 tomates
- cilantro
- perejil
- chile
- sal y pimienta

Pasos:
1. Para preparar la salsa: poner los tomates...
2. Para preparar la carne: freír la carne...
3. Para hacer los tacos: poner una cucharada...
4. Para decorar los tacos: poner la crema...

Steps to create the recipe

UNIDAD 2, CAPÍTULO 3
CELEBRACIONES

CONVERSEMOS

1. **¿Qué vas a hacer para tu cumpleaños?**
Using new vocabulary: celebrations

Write sentences by combining the phrase *voy a* with the activities shown in the pictures.

1. *Voy a hacer una barbacoa.*_____

2. _____

3. _____

4. _____

5. _____

6. _____

2. **¿Vienes a la fiesta?**
Using new vocabulary: responses

Answer the questions below, using expressions you have learned.

1. ¿Quieres ir a una fiesta? *¿Una fiesta? ¡Qué bien!*_____

2. ¿A qué hora es? _____

3. ¿Te gustan las fiestas? _____

4. ¿Puedes venir a una fiesta el sábado? _____

5. ¿Quieres hacer una barbacoa? _____

REALIDADES

1. Noticias de San Antonio
Reading comprehension

After reading the newspaper announcements, answer the following questions.

1. ¿Dónde celebra Aracelia sus quince años?

   _____

2. ¿Qué ocasión celebra Ana Luisa Martínez?

   _____

3. ¿Qué ocasión especial celebran Lucía Lara y Juan Pastor?

   _____

4. ¿Qué celebra Santiago Pereda el 25 de julio?

   _____

5. ¿A qué hora es la comida para Santiago?

   _____

6. ¿Qué celebran Roberto y Sara Gallardo?

   _____

2. Un aniversario
Applying your thinking skills

Complete the following anniversary announcement, based on what you have read.

banda   fiestas   años   amigos   tejana   aniversario de bodas

El Sr. Marco Antonio Lizano y la Sra. Arabela Rojas de Lizano celebran

su _____ el 28 de noviembre en el salón de

_____ La Rotonda. ¡Cincuenta

_____! Hay una ceremonia y después, su familia y

los _____ van a celebrar la ocasión con música

_____,

VOCABULARIO

1. Una familia
Practicing vocabulary: family members

Label this family tree. Tell who these people are and give them names.

2. ¿Quién viene a tu fiesta?
Practicing vocabulary: family members and friends

Fill in the blanks with the appropriate word from the box.

hermana	abuelo	madrina	parientes
amigos	vecino	tío	primos

1. Mi _____*tío*_____ es hermano de mi madre.

2. Los hijos de mi tía son mis _____.

3. La _____ de mi hermano va a ir a su cumpleaños.

4. Las personas de mi familia son mis _____.

5. Tu _____ es el señor que vive en la casa de al lado.

6. Mis compañeros de clase son mis _____.

7. La hija de mis padres es mi _____.

8. Mi _____ es el padre de mi madre.

3. ¿Cómo son?

Practicing vocabulary: adjectives

Write sentences describing the people listed below, choosing adjectives from the box. Remember to use the correct form of the adjective.

genial	divertido	guapo
inteligente	popular	simpático

1. (mi amiga) *Mi amiga es divertida.*

2. (mis primos) _____

3. (yo) _____

4. (usted) _____

5. (nosotros) _____

6. (tú) _____

4. ¿Qué celebras?

Practicing vocabulary: celebrations

Write sentences telling how you are going to celebrate various occasions.

1. *Para mi cumpleaños voy a hacer una fiesta...*

_____

2. _____

_____

3. _____

_____

4. _____

_____

PARA COMUNICARNOS MEJOR: GRAMÁTICA

Adjectives

- Adjectives have the same gender and number as nouns they describe.

La fiesta es divertida.	***The party is fun.***
Los invitados son simpáticos.	***The guests are nice.***

- To form the plural of an adjective that ends in **-o, -a,** or **-e,** just add **-s** to the singular form.

- Most adjectives that end in a consonant refer to both masculine and feminine nouns. To form their plural, add **-es**.

Carlos es genial	**María es genial**
Ellos son geniales.	**Ellas son geniales.**

	Singular	Plural
Masculine	Juan es alto. Él es inteligente.	Los chicos son altos. Ellos son inteligentes.
Feminine	María es alta. Ella es inteligente.	Las chicas son altas. Ellas son inteligentes.

1. Una actividad divertida
Practicing adjective agreement

Complete the sentences with the appropriate adjective from the box.

dulces	azules	fríos	simpática	popular

1. La amiga de Juan es una chica ___*simpática.*___

2. La quinceañera es una celebración muy _____

3. Los pasteles de chocolate son _____

4. Illinois y Minnesota son dos estados muy _____

5. El mar y el cielo son _____

2. ¿Cómo son?
Practicing the singular and plural of adjectives

Rewrite these sentences in the plural.

1. Mi tía es genial. *Mis tías son geniales.*_____

2. Mi libro es muy viejo. _____

3. La fiesta es muy divertida. _____

4. El pastel es delicioso. _____

5. Mi primo es muy popular. _____

6. Esta canción es muy famosa. _____

Rewrite these sentences in the singular.

1. Las bodas son especiales. *La boda es especial.*_____

2. Los invitados de Conchi son geniales. _____

3. Los amigos de Álex son muy guapos. _____

4. Los helados son dulces y fríos. _____

5. Mis padrinos son inteligentes. _____

6. Los hoteles son muy caros. _____

3. ¿Qué opinas?
Practicing adjective usage

Choose an appropriate adjective from the box to describe the people listed below. Remember to use the correct form of the adjective.

1. Mi abuela es *genial.*_____

2. Mis amigos son _____

3. Mi novia es _____

4. Mis padres son _____

5. Mi hermana es _____

6. Mi maestro es _____

simpático
guapo
interesante
inteligente
popular
genial

PARA COMUNICARNOS MEJOR: GRAMÁTICA

Hacer and *conocer*

HACER			
SINGULAR		PLURAL	
Pronoun	Verb	Pronoun	Verb
yo	**hago**	nosotros(as)	**hacemos**
tú	**haces**	vosotros(as)	**hacéis**
usted / él / ella	**hace**	ustedes / ellos / ellas	**hacen**

- To talk about what you do or make, use the verb ***hacer***.

- To introduce someone or to talk about people you know, use the verb ***conocer*** (to know) followed by ***a.***

CONOCER			
SINGULAR		PLURAL	
Pronoun	Verb	Pronoun	Verb
yo	**conozco**	nosotros(as)	**conocemos**
tú	**conoces**	vosotros(as)	**conocéis**
usted / él / ella	**conoce**	ustedes / ellos / ellas	**conocen**

1. **¿A quién conocen?**
Practicing the present tense of **conocer**

Complete the conversations with forms of conocer. Add a after the verb when needed.

1. **JUSTINO:** ¿ _____ tu hermano a Pilar?

   EVA: Sí, _____ Pilar.

2. **JULIÁN:** ¿(tú) _____ Mercedes Sosa?

   TERESA: No, no _____ Mercedes Sosa, pero
   conozco a Tito Puente.

3. **FELIPE:** ¿ _____ ustedes a los novios?

   ROBERTO Y ADELA: No, no _____ los novios.

2. **¿Qué hacen?**
Practicing the present tense of **hacer**

You and your friends are having a party. Use the correct form of hacer and the words form the box to complete these sentences.

1. (yo) *Yo hago el menú.* _____

2. (Cecilia y Lorena) _____

_____

3. (Eugenio) _____

4. (Alejandro y yo) _____

_____

5. (Tania) _____

6. (yo y mi amiga) _____

las invitaciones
el menú
la barbacoa
el postre
el café
los carteles

3. **¿Qué hacemos?**
Practicing the present tense of **conocer** *and* **hacer**

Match the phrases on the left with the phrases on the right. Then write the complete sentence below.

Mi hermano conoce a	hacemos una piñata.
Nosotros	el sur de Arizona.
Mis primas	hago tacos en la cocina.
Tú y tu tío conocen	Tom Hanks.
Yo	conocen Laredo.
Alberto	hace las invitaciones para la fiesta.

1. *Mi hermano conoce a Tom Hanks.* _____

2. _____

3. _____

4. _____

5. _____

6. _____

REPASO

1. Hacemos una fiesta
Reviewing vocabulary: celebrations

On a separate sheet of paper, make a diagram like the one below to plan your own celebration.

Invitados
mi prima Ana
_____
_____

Comida
tacos
_____
_____

Fiesta
mi cumpleaños

Día y hora
6 de octubre
a las 7:00 p.m.

Actividades
escuchar música
_____
_____

Lugar
mi casa
_____

2. ¿Quieres ir a una fiesta?
Reviewing vocabulary: responses

Match the question or exclamation in the left column with the most appropriate response in the right column. Then write them below.

—¿Quieres ir a una fiesta?	—¡Felicidades!
—¿Conoces a Paco?	—¡Claro que sí!
—¿Te gustan las barbacoas?	—Nada especial.
—¡Hoy es mi cumpleaños!	—No. Mucho gusto.
—Mañana voy a celebrar mi graduación.	—Lo siento, no puedo.
—¿Qué vas a hacer esta noche	—¡Feliz cumpleaños!

1. *—¿Quieres ir a una fiesta? —Lo siento, no puedo.*

2. _____

3. _____

4. _____

5. _____

6. _____

3. Planeando una celebración
Applying your thinking skills

There are many steps involved in planning and giving a party. Number the following tasks in the order in which they need to be done. Then assign the different tasks to your friends.

__6__ seleccionar los discos compactos   __4__ decorar la casa

__1__ hacer la lista de invitados   __5__ preparar mucha comida

__3__ comprar la comida y los globos   __2__ escribir las invitaciones

1. (Yo) *Yo hago la lista de invitados.* _____

2. (Daniel) _____

3. (Tú) _____

4. (Toña) _____

5. (Vivian y yo) _____

6. (Javier y Víctor) _____

4. Gente y fiestas
Reviewing vocabulary: celebrations and family members

Answer the following questions.

1. ¿Conoces a alguna persona muy simpática? ¿Quién es?

_____

2. ¿A quién vas a invitar a tu cumpleaños?

_____

3. ¿Quién es tu pariente favorito? ¿Cómo es?

_____

4. ¿Conoces a alguna persona famosa? ¿A quién?

_____

5. En general, ¿qué haces en las fiestas? ¿Qué hacen tus amigos?

_____

_____

¿QUÉ APRENDISTE?

1. **Las fiestas que yo celebro**
Self test: celebrations

Complete the chart, telling what occasions you celebrate, when they take place, with whom you celebrate them, and what activities you do.

Qué celebro	Cuándo (fecha)	Con quién	Actividades
Mi cumpleaños	el 5 de febrero	Mis amigos, mis padres,...	Hacemos una piñata, bailamos,...

2. **¿Qué dices cuando...?**
Self test: responses

Write your response to each situation.

1. Tu prima Clara va a cumplir 15 años.

¡Felicidades en tu quinceañera, Clara!

2. Tus padres van a cumplir 25 años de casados.

_____

3. Tu amigo Juan te pregunta: "¿Quieres venir a mi fiesta el sábado?"

_____

4. Tu novia te invita a una fiesta en su casa, pero no puedes ir.

_____

5. Tus amigos te preguntan: "¿Qué vas a hacer para tu cumpleaños?"

_____

6. Tu vecino te invita a una fiesta, pero no sabes a qué hora es.

_____

3. ¿Vas a la fiesta?

Self-test: applying what you have learned

Write a dialog about a party you and your friend are going to attend. Then practice the dialog with your partner.

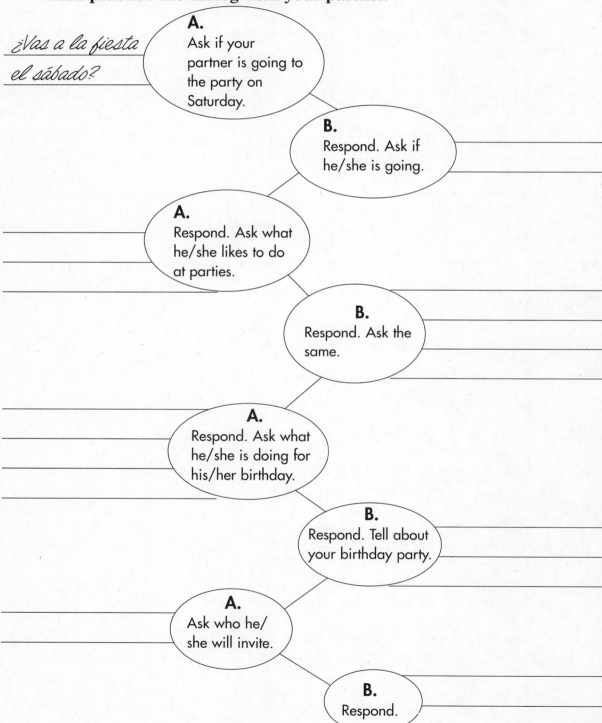

¿Vas a la fiesta el sábado?

A.
Ask if your partner is going to the party on Saturday.

B.
Respond. Ask if he/she is going.

A.
Respond. Ask what he/she likes to do at parties.

B.
Respond. Ask the same.

A.
Respond. Ask what he/she is doing for his/her birthday.

B.
Respond. Tell about your birthday party.

A.
Ask who he/she will invite.

B.
Respond.

UNIDAD 2, CAPÍTULO 4
¿DÓNDE VIVES?

CONVERSEMOS

1. Vivo en...
Using new vocabulary: places where people live

Write a sentence for each item using the phrase *vivo en* and the picture as a cue. Use the information in the box to tell where the place is.

1. *Vivo en un apartamento. en la ciudad.*

2. _____

3. _____

- el campo
- un pueblo
- las afueras
- la ciudad

4. _____

2. ¿Dónde está?
Using new vocabulary: locations

Write a sentence for each item telling where the place is in relationship to the other(s). Use the picture as a cue.

1. la biblioteca / la farmacia _*La biblioteca está a la*_
   *izquierda de la farmacia.*

2. el quiosco / el correo _____
   _____

3. la gasolinera / mi casa / la escuela _____
   _____

4. el hotel / la pizzería _____
   _____

REALIDADES

1. El centro de San Antonio
Reading comprehension

Answer the following questions based on what you have read about San Antonio.

1. ¿Qué ciudad tiene muchos hoteles?

San Antonio tiene muchos hoteles.

2. ¿En qué plaza hay muchas celebraciones?

_____

3. ¿Dónde hay muchas tiendas y cafés al aire libre?

_____

4. Si necesitas información en San Antonio, ¿adónde vas?

_____

5. ¿Cuál es el lugar más famoso de la historia de Texas?

_____

6. ¿En qué plaza están el centro comercial Rivercenter y El Álamo?

_____

2. ¿Qué lugares de interés hay en tu pueblo o ciudad?
Writing about where you live

Write sentences telling what museums, theaters, hotels, or other places of interest there are in your city or town.

1. *En mi pueblo hay un teatro. Está delante de la Plaza del Mercado.*

2. _____

3. _____

4. _____

5. _____

6. _____

PALABRAS EN ACCIÓN: VOCABULARIO

1. **En tu casa hay...**
Practicing vocabulary: rooms and furniture

Look at the plan of a house and garden below. Then write sentences establishing relationships between places and items in the drawing, using the expressions in the box.

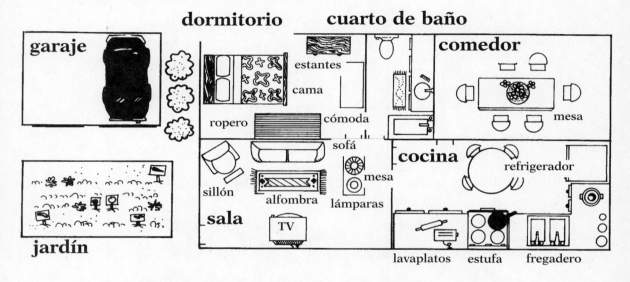

a la derecha	al lado de	encima de	a la izquierda de	delante de
entre	cerca de	detrás de	lejos de	

1. (el cuarto de baño) *El cuarto de baño está a la derecha del dormitorio.*

2. (el sofá) _____

3. (el jardín) _____

4. (la cama)_____

5. (el garaje) _____

6. (el dormitorio) _____

7. (el lavaplatos) _____

8. (las lámparas)_____

2. En tu casa
Practicing vocabulary: rooms of the house

Use your own house to answer the questions below.

1. ¿Dónde está tu dormitorio?

_____

2. ¿Dónde está el cuarto de baño?

_____

3. ¿Dónde está el salón?

_____

4. ¿Dónde está el comedor?

_____

3. ¿Cómo vas?
Practicing giving directions

Tell how to get from one place to the other, using the plan below.

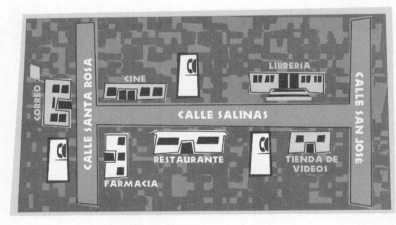

la
izquierda

la
derecha

1. De la farmacia a la librería

_____

_____

2. Del correo a la tienda de videos

_____

_____

3. Del restaurante a la farmacia

_____

_____

4. De la librería al correo

_____

_____

PARA COMUNICARNOS MEJOR: GRAMÁTICA

Estar: used for locations

- In Spanish, the verb *to be* can be expressed by **ser** or **estar**. You cannot substitute one for the other. You have learned how to use **estar** to say how you are. *Estar* is also used to tell where someone or something is located.

¿Dónde está el correo?	*Where is the post office?*
¿Dónde están ustedes?	*Where are you?*

- The following chart shows the present tense forms of **estar**. Notice that the **yo** form of *estar* is irregular.

ESTAR			
SINGULAR		**PLURAL**	
Pronoun	Verb	Pronoun	Verb
yo	estoy	nosotros(as)	estamos
tú	estás	vosotros(as)	estáis
Ud. / él / ella	está	Uds. / ellos / ellas	están

- When saying where something is, you will often use the contraction **del**, which is formed by contracting **de** with the definite article **el**. You will find a list of useful expressions of locations on page 116 of your textbook.

¿Dónde está el ropero?	*Where is the closet?*
Está a la derecha del estante.	*It's to the right of the bookcase.*

1. Por teléfono
Practicing forms of **estar**

Complete each sentence with the correct form of *estar*.

1. ¿Dónde_____*estás*_____ tú en este momento?

2. Yo _____ en casa de mis abuelos.

3. ¿Dónde _____ tus primos?

4. Tu hermano y tú _____ en el jardín.

5. Nosotros _____ en la cocina.

6. Mi madre _____ en la sala.

7. Mis amigos y yo _____ en el comedor.

8. Ellos _____ en el campo.

2. ¿Dónde están?
Practicing forms of **estar**

Where are these people? Use the illustrations as cues. Use as many of the following expressions as possible: *detrás de, delante de, cerca de, dentro de, arriba, al lado de, entre.*

1. (la abuela) _La abuela está en el jardín detrás de la casa._

2. (mi padre) _____

_____

3. (nosotros) _____

_____

4. (Mirta) _____

_____

5. (yo) _____

_____

6. (las hermanas) _____

_____

Possessive adjectives

- Possessive adjectives agree in number with the nouns they modify. The *nuestro* and *vuestro* forms also agree in gender with the noun.

mi pueblo, *mi* cocina	*nuestro* cuarto, *nuestra* clase
mis padres, *mis* amigas	*nuestros* libros, *nuestras* novias
tu pan, *tu* sopa	*vuestro* coche, *vuestra* comida
tus televisores, *tus* radios	*vuestros* tíos, *vuestras* primas
su lápiz, *su* clase	*su* rancho, *su* hija
sus muebles, *sus* sillas	*sus* libros, *sus* fotos

- Remember that *su(s)* can mean *his, her, its, their,* or *your.*

1. ¿Qué tienes?
Practicing possessive adjectives

Combine the information in each pair of sentences, as shown in the model.

1. Tú tienes una bicicleta. Es azul.

Tu bicicleta es azul.
_____

2. Nosotros tenemos un televisor. Es nuevo.

_____

3. Ellos tienen dos perros. Son divertidos.

_____

4. Yo tengo dos pájaros. Son pequeños.

_____

5. Verónica tiene muchos peces. Son muy bonitos.

_____

6. Mi abuela tiene un jardín. Es grande.

_____

2. Invito a...

Practicing possessive adjectives

You are planning a party with a group of friends. Tell who will invite whom. Use the correct forms of *mi, tu, su* and *nuestro*.

1. (Pedro / hermanas)

Pedro invita a sus hermanas.

2. (Paquita / prima Cecilia)

_____

3. (Isabel y Tomás / abuelos)

_____

4. (yo / mamá)

_____

5. (tú / abuela)

_____

6. (nosotros / padres)

_____

7. (usted / hermanos)

_____

8. (ustedes / tías)

_____

3. ¿Dónde vives?

Practicing possessive adjectives

Rewrite the following sentences, using *ser* or *estar* and the appropriate possessive adjectives.

1. Ella tiene un rancho en el campo. *Su rancho está en el campo.*

_____

2. Nosotros tenemos un apartamento grande. _____

_____

3. Tú tienes una granja muy moderna. _____

_____

4. Tu familia y tú tienen una caravana en las afueras. _____

_____

REPASO

1. En tu casa
Reviewing vocabulary: rooms and furniture

List at least three objects you are likely to find in each room or area.

1. en el dormitorio _una cama, un ropero, una cómoda_____

2. en el comedor _____

3. en la cocina _____

4. en el cuarto de baño _____

5. en el jardín _____

6. en la sala _____

2. ¿Dónde está Rafael?
Reviewing vocabulary: expressions of location

Indicate where the following people are, using the pictures as cues.

1. Rafael está _____ _a la izquierda_ _____ de la casa.

2. Rafael está_____ de la casa.

3. Rafael está _____ de la casa.

4. Rafael está _____ de la casa.

5. Rafael está _____ de la casa.

6. Rafael está _____ las dos casas.

3. En el pueblo
Reviewing the verb **estar**

Tell where the following people are, based on the information provided.

1. Dolores / cerca de / el cine *Dolores está cerca del cine.*
_____

2. Juanita y Tomás / fuera de / el café _____
_____

3. nosotros / en / la farmacia _____
_____

4. yo / debajo de / el árbol _____
_____

5. Jorge / lejos de / el hotel _____
_____

4. ¿Dónde está tu casa?
Reviewing possessive adjectives

Decide what each picture suggests. Then, write a sentence using a possessive adjective and the rest of the information given.

1. (de Susana) / en las afueras
Su rancho está en las afueras.

2. (de mis primos) / en la ciudad
_____

3. (de tu hermano y tú) / en el campo
_____

4. (de Juan) / cerca de aquí
_____

¿QUÉ APRENDISTE?

1. **Las casas y sus muebles**
Self-test: locations, homes, rooms, and furniture

Complete this graphic organizer giving at least three words for each category.

tipos de casas
_____
_____
_____
_____
_____
_____

cuartos
_____
_____
_____
_____
_____

lugares
_____
_____
_____
_____

muebles
_____
_____
_____
_____
_____

2. **Mi casa**

Self-test: rooms and furniture

Complete the chart, listing three rooms in your house and the pieces of furniture in each room.

CUARTOS	¿QUÉ HAY?
Mi domitorio	*Una cama, unos estantes...*

3. ¿Dónde vives?

Self-test: applying what you have learned

Write a dialog about where you and a classmate live. Then practice the dialog with your partner.

¿Vives en una ciudad?

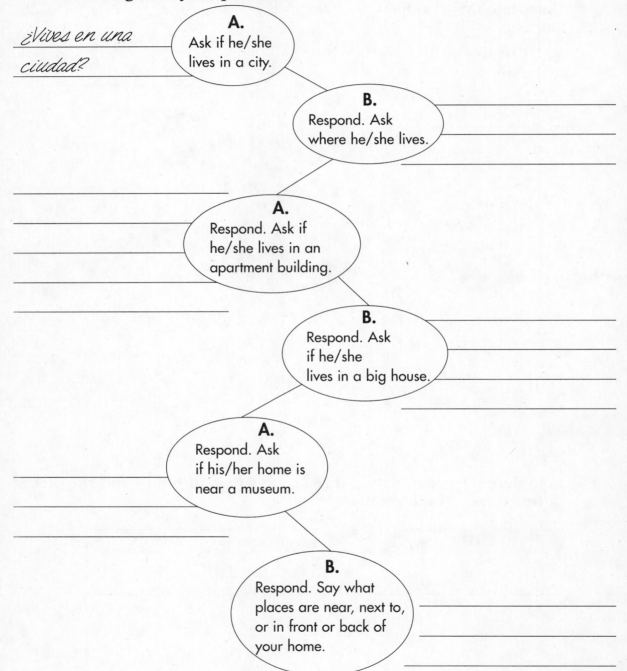

A. Ask if he/she lives in a city.

B. Respond. Ask where he/she lives.

A. Respond. Ask if he/she lives in an apartment building.

B. Respond. Ask if he/she lives in a big house.

A. Respond. Ask if his/her home is near a museum.

B. Respond. Say what places are near, next to, or in front or back of your home.

UNIDAD 2, ADELANTE

DEL MUNDO HISPANO

1. La música en Texas
Reading comprehension

Complete each sentence with one of the suggestions below.

en inglés y en español	música tex-mex
mariachis	los *Tejano Music Awards*
muchos ritmos	un violín

1. En Texas hay estaciones de radio que ponen _*música tex-mex*_ .

2. Los profesores de música en Texas son _____ famosos.

3. La ceremonia de _____ es más grande que la ceremonia de los Grammy.

4. La música tex-mex incorpora _____ .

5. En los grupos de música mariachi siempre hay _____ .

6. Las clases de música mariachi en Texas son _____ .

2. Ritmos, instrumentos y grupos
Applying your thinking skills

1. Write the names of four instruments used in Mexican music.

_____ _____

_____ _____

2. Write the names of four rhythms that influence Tex-Mex music.

_____ _____

_____ _____

3. Write the names of four singers or groups of mariachi or Tex-Mex music.

_____ _____

_____ _____

3. **¡La música es el corazón de nuestra cultura!**
Reading comprehension

Based on what you have read, answer the following questions about Tejano music.

1. ¿Cuáles son los ritmos más populares de Texas?

   Los ritmos más
   populares de Texas
   son la música tex-mex
   y la mariachi.

2. ¿Qué instrumentos son tradicionales de la música mexicana?

   _____

3. ¿Qué cantante tejano recibió dos premios Grammy?

   _____

4. ¿Cuántos espectadores van a la ceremonia de los *Tejano Music Awards*?

   _____

5. ¿Quiénes son los reyes de la música mariachi en San Antonio?

   _____

6. ¿Qué tipo de música aprenden a tocar los chicos en Texas?

   _____

4. **Experto en música tejana**
Summarizing what you have learned

Write four sentences telling what you have learned about Tejano music.

1._____

2._____

3._____

4._____

TALLER DE ESCRITORES

1. **Una celebración muy especial**
Writing an invitation

On a separate sheet of paper, write an invitation, like the one below, for a celebration of your choice. Decorate your invitation with drawings. Include the information listed below:

- What you are going to celebrate
- Date, time, and place of the celebration
- Directions for getting there
- Activities that are going to take place

Gran celebración

Ven a celebrar la *Quinceañera* **de María**

La fiesta va a ser en el Parque del Monte
el sábado 25 de julio
a las 5 de la tarde.

Vamos a tener picnic, piñata, pastel y. . .
¡muchas sorpresas!

Nota: Para llegar al Parque del Monte, tienes que ir en autobús hasta la parada del mercado. Después, dobla a la izquierda hasta la calle Ramiro. El parque está delante del Museo de Historia Natural.

2. En la tienda de muebles
Writing a paragraph

Write a paragraph about what furniture is sold at this store.

Avenida Alameda nº510, El Paso, Teléfono 555-7700

_____

_____

_____

_____

3. Otras fronteras
Writing about the press, geography, languages, and art

Answer the following questions about the topics in *Otras fronteras*.

¿Qué revistas te gusta leer? ¿Cuál es tu revista favorita? ¿Hay revistas en español en tu ciudad? **PRENSA** _____ _____ _____ **INFORMAR EN ESPAÑOL** _____	¿Hablas otros idomas? ¿Te gustaría hablar otros idiomas? ¿Por qué? **IDIOMA** _____ _____ _____ **VAQUEROS TEJANOS** _____
¿Qué ríos hay en la ciudad o estado donde vives? ¿Conoces otros ríos? ¿Cómo se llaman? **GEOGRAFÍA** _____ _____ _____ **RÍO GRANDE O RÍO BRAVO** _____	¿Qué hace Luis Jiménez? ¿Dónde están las obras de Luis Jiménez? **ARTE** _____ _____ _____ **ESCULTURA DE COLORES** _____

RESUMEN

1. Una fiesta
Reviewing what you have learned

Write about the party by answering the questions below.

1. ¿Qué celebración es?

_____

2. ¿Cuándo es?

_____

3. ¿Dónde es la fiesta?

_____

4. ¿Qué hay en la fiesta?

_____

5. ¿Quiénes son los invitados?

_____

6. Describe a un invitado.

_____

2. Una visita por la ciudad
Summarizing what you have learned

Look at the map below. Imagine you are taking a visitor to interesing places in the city. Write a paragraph or dialog describing the city to the visitor. These are some of the words and expressions you may want to use.

barato	en metro	padrísimo
conmigo	lejos	el parque
cerca	a pie	te gustaría
delicioso	me gusta	las tiendas
en coche	el centro	antiguo

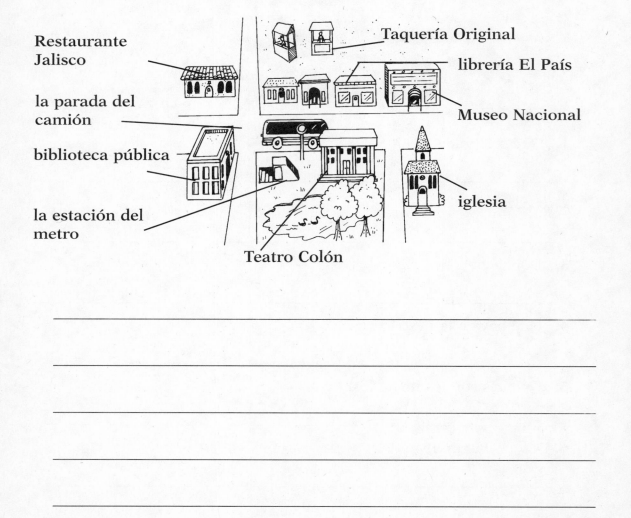

Restaurante Jalisco

Taquería Original

librería El País

la parada del camión

Museo Nacional

biblioteca pública

la estación del metro

iglesia

Teatro Colón

_____

_____

_____

_____

_____

UNIDAD 3, CAPÍTULO 5
ARENA, SOL Y MAR

CONVERSEMOS

1. **¿Qué sabes hacer?**
Using new vocabulary: water sports

Write sentences based on the activities in the pictures, using *sé*, *no sé*, or *quiero aprender a*. Use each of these at least once.

1. *Quiero aprender a hacer jet ski.*_____

2._____

3._____

4._____

5._____

6._____

2. **¿Quieres...?**
Using new vocabulary: exclamations

Use the phrases in the boxes to respond to the questions below.

¡Ay, bendito! ¡Qué aburrido!	¡Qué emocionante!	¡Me encanta!
¡Qué chévere!	¡Fabuloso!	¡Qué bueno!

1. ¿Te gusta bailar en la discoteca? *Sí. ¡Me encanta!*_____

2. ¿Quieres aprender a tocar la guitarra? _____

3. Vamos a la piscina. ¿Quieres ir? _____

4. ¿Quieres celebrar tu cumpleaños? _____

REALIDADES

1. **Puerto Rico, ¡qué chévere!**
Reading comprehension
Based on the information in the photo captions, answer each question.

1. ¿De qué son los playas de Puerto Rico? *Son de arena blanca.*

2. ¿Cómo es la regata de veleros? _____

3. ¿Dónde hay olas perfectas para hacer surf? _____

4. ¿Qué tipo de deporte es la tabla a vela? _____

5. ¿Cuál es el lugar ideal para hacer esquí acuático? _____

6. ¿Qué aprenden en Vieques los chicos y chicas? _____

2. **¿Cómo son estos deportes?**
Applying your thinking skills
Using adjectives, write sentences about the following sports.

1. *Me gusta mucho el fútbol. ¡Es un deporte sensacional!*

2. _____

3. _____

4. _____

5. _____

PALABRAS EN ACCIÓN: VOCABULARIO

1. **En la playa**
Practicing vocabulary: beach items and activities
Match the following activities with the corresponding items in the box, and write a sentence with each pair.

> el traje de baño   la tabla a vela   la tabla de surf
>
> el velero   el paracaídas   la red   los remos
>
> el protector solar   los esquís   el esnórquel

1. bucear *Para bucear necesito el esnórquel.*

2. navegar_____

3. nadar _____

4. tomar el sol_____

5. jugar al voleibol_____

6. remar _____

7. hacer esquí acuático_____

8. hacer surf _____

9. hacer parasailing_____

10. hacer tabla a vela _____

2. **¿Qué es?**
Practicing vocabulary: beach items and activities
Write the correct word or phrase for each definition.

1. Son para tus ojos cuando hace sol. *los lentes de sol*

2. Si quieres ir a remar necesitas dos. _____

3. Nadar por debajo del agua. _____

4. Son los lentes que usas para bucear. _____

5. Es una piscina natural en las montañas. _____

6. Para practicar este deporte necesitas un paracaídas. _____

3. ¿Qué artículo llevan?
Practicing vocabulary: gender of nouns
Write the correct article for each noun.

1. *las* aletas   5. _____ lentes de sol   9. _____ piscina

2. _____ paracaídas   6. _____ protector solar 10. _____ olas

3. _____ sombrilla   7. _____ toalla   11. _____ ríos

4. _____ bote a motor 8. _____ salvavidas   12. _____ frisbi

4. ¿Qué te gusta hacer en la playa?
Writing complete sentences using new vocabulary
1. Write sentences saying what you like to do at the beach.

1. *Me gusta nadar.* _____

2. _____

3. _____

4. _____

2. Write sentences saying which water sports you do not know how to do.

1. *No sé hacer tabla a vela.* _____

2. _____

3. _____

4. _____

3. Write sentences saying which water sports you want to learn how to do.

1. *Quiero aprender a navegar.* _____

2. _____

3. _____

4. _____

PARA COMUNICARNOS MEJOR: GRAMÁTICA

Uses of *saber* and *conocer*

- You have already used the verb *conocer* to talk about people, places, and things you know or are familiar with. But if you want to talk about facts or information, you need to use the verb *saber*.

CONOCER			
SINGULAR		**PLURAL**	
Pronoun	Verb	Pronoun	Verb
yo	conozco	nosotros(as)	conocemos
tú	conoces	vosotros(as)	conocéis
usted / él / ella	conoce	ustedes / ellos / ellas	conocen

- To say that you know how to do something, use *saber* plus the infinitive of another verb.

SABER			
SINGULAR		**PLURAL**	
Pronoun	Verb	Pronoun	Verb
yo	sé	nosotros(as)	sabemos
tú	sabes	vosotros(as)	sabéis
usted / él / ella	sabe	ustedes / ellos / ellas	saben

1. ¿Qué sabes? ¿A quién conoces?
Distinguishing between **saber** *and* **conocer**
Fill in the blanks with the appropriate form of *saber* or *conocer*.

1. Ellos _____*conocen*_____ un buen restaurante.

2. Yo _____ tocar la guitarra.

3. Tú _____a Paula Abdul.

4. Nosotros _____ cantar.

5. Mi amigo _____ jugar al frisbi.

6. Yo _____ a tu hermano.

2. **¡Sabemos hacer de todo!**
Using **saber** *with an infinitive*
Say that the following people know how to do the activities below.

1. él / tocar la guitarra *El sabe tocar la guitarra.*_____

2. Eduardo y yo / bucear _____

3. Cecilia y Pedro / navegar_____

4. tú / cantar _____

5. yo / jugar a las paletas _____

6. mis hermanos / hacer surf _____

7. tú y yo / nadar _____

8. Conchita / hacer jet ski _____

3. **¿Quién sabe hacer...?**
Using appropriate forms of **saber** *and* **conocer**
Choose a word or expression from the box below to complete each sentence. Make sure to use the appropriate form of *saber* or *conocer*.

jugar al frisbi   a Paco   hacer tabla a vela Nueva York   hacer esquí acuático   patinar nadar   la música de Mozart   navegar   remar

1. Nosotros (saber / conocer) *sabemos jugar al frisbi.*_____

2. Esteban (saber / conocer) _____

3. Yo (saber / conocer) _____

4. Ellos (saber / conocer) _____

5. Felipe (saber / conocer) _____

6. Tus amigos (saber / conocer) _____

PARA COMUNICARNOS MEJOR: GRAMÁTICA

Uses of *querer*

- To say what you or others want, use the verb **querer**. You can also use **querer** with the infinitive of another verb to say what you or others want to do.

  Quiero un batido.   *I want a milkshake.*

  Juan quiere ir a la piscina.   *Juan wants to go to the pool.*

- To say what you don't want to do, use **no** before the verb **querer**.

  No quiero ir al cine.   *I don't want to go to the movies.*

- In the present tense, the stem **quer-** changes from **-e-** to **-ie-** in all forms except **nosotros(as)** and **vosotros(as)**.

  Queremos jugar al baloncesto. *We want to play basketball.*

  ¿Queréis jugar al frisbi?   *Do you want to play frisbee?*

QUERER			
SINGULAR		PLURAL	
Pronoun	Verb	Pronoun	Verb
yo	quiero	nosotros(as)	queremos
tú	quieres	vosotros(as)	queréis
usted / él / ella	quiere	ustedes / ellos / ellas	quieren

1. En la playa
Practicing forms of **querer**

Fill in the blanks with the appropriate form of *querer*.

1. Felipe no _quiere_ nadar porque el agua está fría.

2. Si no vamos a hacer surf yo _____ tomar el sol.

3. Mis hermanos y yo _____ navegar en el lago.

4. Y tú, ¿ _____ jugar al frisbi con nosotros?

5. Carlos y sus amigos _____ hacer surf porque hay muchas olas.

6. Los niños _____ jugar con la arena.

7. Susana no _____ jugar a las paletas con sus hermanos.

8. Yo _____ hacer tabla a vela contigo mañana.

2. ¿Qué quieres hacer en la playa?

Using **querer** *with an infinitive*

The people listed below do not enjoy water sports. Using *querer*, write sentences saying whether or not they want to do the following activities.

1. Ella / hacer tabla a vela

Ella no quiere hacer tabla a vela.

2. Andrés y sus amigos / jugar a las paletas

_____

3. Yo / navegar en el lago

_____

4. Luisa y yo / hacer surf

_____

5. Juan / tomar el sol

_____

6. Mis hermanas / remar

_____

3. ¡Ay, bendito!

Practicing sentence structure and forms of **querer**

Rearrange the words listed below, and use the appropriate form of *querer* to write a complete sentence.

1. querer / yo / en el río / nadar

Yo quiero nadar en el río.

2. Marta / aprender a / querer / hacer tabla a vela

_____

3. tomar el sol / querer / ella / sus amigas / pero / querer / hacer jet ski

_____

4. hacer tabla a vela / yo / ¡Me encanta! / querer / todo el día

_____

5. mis tíos y yo / jugar al frisbi / querer

_____

6. querer / el sábado / nosotros / bucear

_____

REPASO

1. ¿Qué llevas a la playa?

Reviewing vocabulary: things to bring to the beach, sports equipment, food

Put the words below into three categories and write the correct article for each noun.

pelota	sándwich	refresco	esquís	limonada	toalla
cámara	lentes de sol	máscara de bucear		esnórquel	taco
red	protector solar	peine	papas fritas	libro	paletas
jugo de naranja		aletas	helado	dólares	revista
plátanos		remos			

Things you carry in your backpack
la toalla

Food you can buy or bring
el taco

Sports equipment
la pelota

2. ¿Qué opinas?

Reviewing vocabulary: describing places and things

Complete each sentence with the correct form of the appropriate adjective from the list.

Adjectives
- ideal
- peligroso
- transparente
- delicioso
- favorito
- perfecto
- chévere
- fácil

1. El mar es _transparente_____.
2. La temperatura es _____.
3. Correr es un deporte muy _____.
4. Hacer surf es una actividad un poco _____.
5. En Puerto Rico, las frutas son _____.
6. Nadar es mi deporte _____.
7. Hacer tabla a vela es muy _____.
8. En Rincón hay olas _____.

3. Nuestros deportes favoritos
Reviewing forms of **gustar** *with sports vocabulary*
Create sentences saying what these people like to do.

1. Yo sé nadar. *A mí me gusta nadar.*_____

2. Juan sabe jugar al tenis. _____

3. Marga sabe hacer surf. _____

4. Tú sabes jugar al voleibol. _____

5. Nosotros sabemos correr. _____

6. Mis primas saben bucear. _____

7. Ustedes saben jugar al frisbi. _____

8. Tu hermano sabe remar. _____

4. ¿Adónde vas a ir?
Reviewing **ir a** *with sports vocabulary*
Write sentences saying what these people are going to do.

1. Esteban quiere hacer surf. *Esteban va a hacer surf.*_____

2. Carolina y yo queremos bucear. _____

3. Tú y tus amigos quieren nadar. _____

4. Isabel quiere jugar al fútbol. _____

5. Nosotros queremos remar. _____

6. Ellos quieren jugar a las paletas. _____

7. Pepe y tú quieren jugar al voleibol. _____

8. Juan y yo queremos navegar. _____

9. Carlos quiere hacer parasailing. _____

10. Verónica quiere hacer tabla a vela. _____

¿QUÉ APRENDISTE?

1. Plan de vacaciones

Self-test: beach activities and items

Create a graphic organizer about your vacation.

Qué tienes que alquilar
tabla de surf
_____
_____

Qué tienes que comprar
comida
_____
_____
_____

vacaciones

Dónde
Arecibo
_____
_____

Qué tienes que llevar
traje de baño
_____
_____

Actividades
surf
_____
_____

2. ¿Qué contestas?

Self-test: exclamations

Write your responses to the situations listed below.

1. ¿Quieres ir la playa con nosotros? *Sí, ¡qué chévere!* _____

2. Mi amigo hace surf con olas muy grandes. _____

3. No puedo ir de vacaciones porque tengo que estudiar. _____

4. ¿Sabes hacer jet ski? _____

5. ¿Te gusta hacer tabla a vela? _____

6. Vamos a hacer un picnic en la playa esta noche. _____

3. ¿Te gusta hacer surf?

Self-test: applying what you have learned

Write a dialog about water sports. Then practice the dialog with your partner.

¿Qué deportes te
gustan?

A.
Ask what sports
your partner likes.

_____

_____

B.
Respond. Ask the
same question.

_____

_____

A.
Respond. Ask
where he/she goes
to do sports.

_____

_____

B.
Respond. Ask the
same question.

_____

_____

A.
Respond. Ask if he/she
likes to scuba dive.

_____

_____

B.
Respond. Ask if
he/she knows how
to windsurf.

_____

_____

A.
Respond. Ask if
he/she knows how
to sail.

_____

_____

B.
Respond.

_____

_____

UNIDAD 3, CAPÍTULO 6
¿CÓMO TE AFECTA EL TIEMPO?

CONVERSEMOS

1. **Las estaciones del año**
Using new vocabulary: the seasons

Write sentences telling what you like to do in each season.

1. *En la primavera me gusta volar chiringas.*

2. _____

3. _____

4. _____

2. **¿Qué aconsejas?**
Using new vocabulary: clothes and accessories

Use the items pictured below to write sentences in response to each statement. You may use more than one item in a response.

1. Viene una tormenta. *Debes llevar un impermeable y botas.* _____

2. Va a nevar. _____

3. Hace sol. _____

4. Hace frío y hace viento. _____

5. Hace calor. _____

6. Llueve a cántaros. _____

REALIDADES

1. ¿Qué tiempo va a hacer?
Reading comprehension

Answer the following questions, using the information from the weather report that you have read.

1. ¿Qué tiempo va a hacer en San Juan mañana por la tarde?

Va a estar nublado con mucho viento.
_____

2. ¿Cuál va a ser la temperatura máxima en San Juan? ¿Y la temperatura mínima?

_____

3. ¿Qué tiempo va a hacer en Ponce por la mañana?

_____

4. ¿Va a llover en Ponce? ¿Cuándo?

_____

5. ¿Cuándo hay probabilidades de lluvia en Mayagüez?

_____

6. Por la mañana, ¿va a estar nublado en Mayagüez?

_____

2. El pronóstico para mi ciudad
Writing a weather report

Write a weather report for your city or town for a day in each season. Advise people about what to wear or do.

1. (el invierno) _____

_____

2. (la primavera) _____

_____

3. (el verano) _____

_____

4. (el otoño) _____

_____

PALABRAS EN ACCIÓN: VOCABULARIO

1. **¿Qué haces ?**
Practicing vocabulary: weather and activities

Match the activities in the box with the weather conditions below, writing complete sentences.

volar chiringas	ir a la playa
jugar al ajedrez	esquiar
nadar	patinar sobre hielo

1. hace frío *Me gusta patinar sobre hielo cuando hace frío.*

2. nieva _____

3. hace calor _____

4. llueve _____

5. hace sol _____

6. hace viento _____

2. **¿Qué llevas?**
Practicing vocabulary: clothing

Match each definition with one of the items shown below.

1. Llevas esta ropa cuando hace frío. _____

2. Son para las manos en invierno. _____

3. Es un abrigo para la lluvia. _____

4. Son para los pies cuando hace mal tiempo. _____

3. El tiempo

Practicing vocabulary: weather and clothing

Fill in the crossword puzzle with words that describe the weather or items of clothing. Use the clues given.

Across:

1. La _____ de hoy es 76° F.
4. En el _____ hace calor.
6. Hace mucho frío. Lleva un _____.
8. En Michigan, hay nieve en el _____.
9. Lleva un _____ siempre en invierno.
10. La temperatura es 32° F. Hace _____.
12. Vas a esquiar. Lleva el abrigo, el gorro, los guantes y un _____.
13. Por la tarde va a llover mucho. Viene una _____.

Down:

2. Hay cuatro _____ en el año.
3. Después del invierno viene la _____.
5. En Puerto Rico hace buen _____.
7. Florida está al _____ de Georgia.
11. La primavera, el verano, el _____ y el invierno son las estaciones del año.

PARA COMUNICARNOS MEJOR: GRAMÁTICA

Gustar with plural pronouns

- To talk about activities that you and your friends like to do, use **nos gusta.**

Nos gusta jugar al béisbol.   **We like to play baseball.**

- To talk about activities that other people like to do, use **les gusta.**

Cuando hace buen tiempo,   **When the weather is nice,**
les gusta patinar.   **they like to skate.**

Note that **les gusta** can mean *they like* and *you* (plural) *like*.

1. **¿Qué les gusta hacer?**
Practicing **gustar**

Write sentences using the appropriate form of *gustar* and the information given below.

1. Pedro / jugar al béisbol *A Pedro le gusta jugar al béisbol.*

2. Gloria y yo / ir a la playa _____

3. Cristina y tú / nadar _____

4. yo / jugar con la nieve _____

5. tú / patinar sobre hielo _____

6. tus primos / jugar al ajedrez _____

7. Miguel y Pilar / volar chiringas _____

_____

8. mi novia y yo / tomar el sol _____

_____

The present tense of *jugar*

The following chart shows the present tense forms of **jugar**, *to play*.

JUGAR			
SINGULAR		PLURAL	
Pronoun	Verb	Pronoun	Verb
yo	juego	nosotros(as)	jugamos
tú	juegas	vosotros(as)	jugáis
Ud. / él / ella	juega	Uds. / ellos / ellas	juegan

2. ¿A qué juegas?
Practicing forms of **jugar**

Write sentences using the information in the boxes and the correct form of *jugar*.

ACTIVIDADES	
ajedrez	paletas
béisbol	tenis

¿CUÁNDO?	
otoño	primavera
verano	los fines de semana

1. Mis amigos y yo *jugamos al tenis en la primavera.*

2. Mis amigos _____

3. Yo _____

4. Tú _____

3. ¿A qué juegan? ¿Les gusta?
Practicing forms of **jugar** *and* **gustar**

Complete the sentences with the correct forms of *jugar*. Then write a sentence telling what the people listed like to play.

1. Inés y Verónica ___*juegan*___ al tenis. *Les gusta jugar al tenis.*

2. Miguel y yo _____ al fútbol. _____

3. María y tú _____ al béisbol. _____

4. Yo _____ a las paletas. _____

5. Nosotros _____ al ajedrez. _____

6. Mis primos _____ al baloncesto. _____

PARA COMUNICARNOS MEJOR: GRAMÁTICA

Affirmative commands with *tú*

- To tell a friend to do something, use the informal (*tú*) command.

  ¡Lleva un paraguas!   ***Take an umbrella!***

- Note that the *tú* command forms are the same as the present tense forms used for *usted, él,* or *ella*.

INFORMAL COMMANDS			
-ar verbs	-a ending	-er / -ir verbs	-e ending
comprar	compra	leer	lee
llevar	lleva	compartir	comparte
jugar	juega	escribir	escribe

- To tell a friend to do something, you can also use a form of *tener* followed by *que* and an infinitive.

  Hace frío. Tienes que llevar el abrigo.   ***It's cold. You have to wear your coat.***

- To tell a friend not to do something, you can use *no debes* and the infinitive of another verb.

  No debes salir sin las botas cuando llueve.   ***You should not go out without your boots when it rains.***

1. ¡Escribe el ejercicio!
Practicing commands

Give a friend advice for each of the situations below.

1. Llueve. Juan va a salir. (llevar / paraguas) *Lleva un paraguas.*

_____

2. María va a la playa. (usar / protector solar) _____

_____

3. Andrés va a jugar con la nieve. (llevar / guantes) _____

_____

4. Pedro no sabe qué tiempo hace. (escuchar / pronóstico) _____

_____

2. ¿Qué tienen que hacer?
Practicing forms of **tener que** *with an infinitive*

Complete the sentences with the correct forms of *tener que*.

1. Nuria _____*tiene que*_____ llevar un paraguas.

2. Luis y tú _____ escuchar el pronóstico del tiempo.

3. Tú _____ usar el protector solar.

4. Yo _____ llevar el gorro y las botas.

5. Nosotros _____ tener cuidado.

6. Mis hermanos _____ quedarse en casa.

3. ¿Quién tiene que...?
Writing sentences with **tener que** *and* **no deber**

Write two sentences, using *tener que* and *no deber*, for each of the situations below.

Situación	Tener que	No deber
1. Llueve. / tú	*Tienes que llevar paraguas.*	*Y no debes salir sin impermeable.*
2. Hace mucho calor. / María		
3. Hace frío. / Alicia y Sonia		
4. Viene una tormenta. / Jacinta y yo		
5. Va a nevar. / yo		
6. Hace mucho sol. / tú y Juan		

REPASO

1. **¿Qué quieres hacer?**
Reviewing vocabulary: the weather and various activities
Based on the description of the weather, tell what you like to do.

1. llueve *Cuando llueve me gusta mirar la televisión.*

2. está nublado _____

3. nieva _____

4. hace sol _____

5. hace viento _____

6. hace calor _____

2. **¿Qué aconsejas?**
Reviewing vocabulary: weather-related advice
Combine each of the weather descriptions in the left column with advice from the right column.

Hace sol.	Quédate en casa.
Viene una tormenta.	No debes salir sin el gorro.
Llueve a cántaros.	Ten cuidado.
Viene un huracán.	Lleva el impermeable.
Va a llover.	Lleva los lentes de sol.
Hace frío.	Lleva el paraguas.

1. *Hace sol. Lleva los lentes de sol.*

2. _____

3. _____

4. _____

5. _____

6. _____

3. ¿Les gusta esta actividad?
Reviewing **gustar**

Using the pictures as cues, tell what the following people like to do.

 1. (Ana y yo) _____*Nos gusta jugar al ajedrez.*_____

 2. (tu amigo y tú) _____

 3. (yo) _____

 4. (Sandra) _____

 5. (Jorge) _____

 6. (Felipe y Juan) _____

4. El tiempo en Puerto Rico
Writing about the weather

Look at the weather map of Puerto Rico. Write sentences telling where each city is located and the weather in each one.

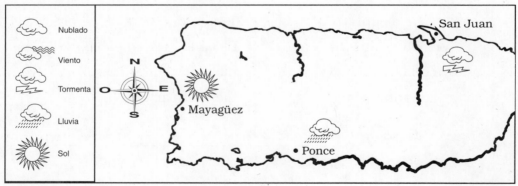

1. San Juan _____

_____

2. Mayagüez _____

_____

3. Ponce _____

_____

¿QUÉ APRENDISTE?

1. **¡Qué tiempo tan bueno!**
Self-test: weather vocabulary

Make a weather chart of your city or town. Include how the weather is in each season, what activities you do, and what you wear.

EL TIEMPO EN CEBALLOS			
Estación	Qué tiempo hace	Qué actividades haces	Qué ropa y complementos llevas

2. **Buenos consejos**
Self-test: informal commands

Write a list of weather situations on the left. Then write a piece of advice for each one on the right.

SITUACIÓN	CONSEJO
Viene un huracán.	*No debes usar aparatos eléctricos.*

3. ¿Qué tiempo hace?

Self-test: applying what you have learned.

Write a dialog about the seasons. Then practice the dialog with your partner.

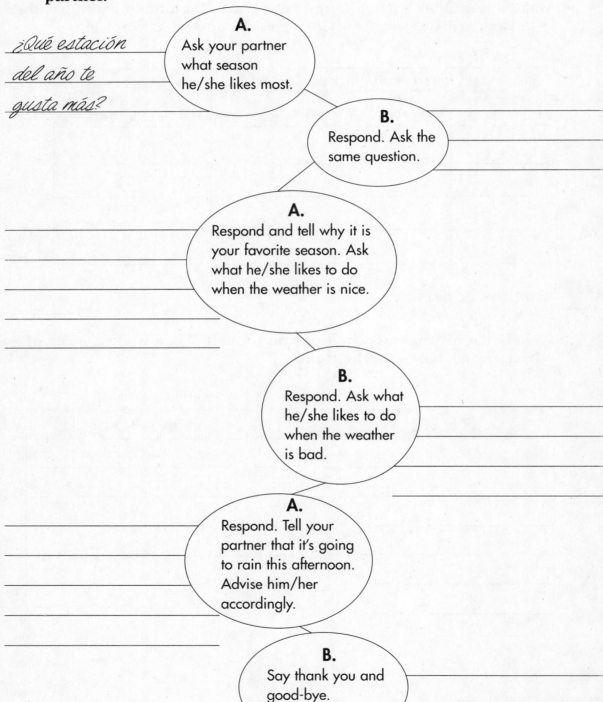

¿Qué estación _____

A.
Ask your partner what season he/she likes most.

del año te _____

gusta más? _____

B.
Respond. Ask the same question.
_____
_____

A.
Respond and tell why it is your favorite season. Ask what he/she likes to do when the weather is nice.
_____
_____
_____
_____
_____

B.
Respond. Ask what he/she likes to do when the weather is bad.
_____
_____
_____

A.
Respond. Tell your partner that it's going to rain this afternoon. Advise him/her accordingly.
_____
_____
_____
_____

B.
Say thank you and good-bye.
_____

UNIDAD 3, ADELANTE

DEL MUNDO HISPANO

1. **¿Qué es El Yunque?**
Reading comprehension

Choose the best answer for each question and write it below.

> • Se llama El Toro y mide 3.523 pies.
> • Es un bosque tropical cerca de San Juan.
> • Llueve cuatro veces al día.
> • Se llama coquí y mide menos de una pulgada.
> • Hay boas, cotorras, múcaros, mangostas y muchos más.
> • Hay helechos gigantes y flores tropicales de todos los colores.

1. ¿Qué es El Yunque?

Es un bosque tropical cerca de San Juan.

2. ¿Qué animales hay en El Yunque?

_____

3. ¿Cómo se llama una rana muy pequeña que vive en El Yunque y cuánto mide?

_____

4. ¿Qué plantas hay en El Yunque?

_____

5. ¿Cómo es el clima en El Yunque?

_____

6. ¿Cómo se llama el pico más alto de El Yunque y cuánto mide?

_____

2. Un paseo por el bosque
Reading comprehension

Complete each sentence, using the information below.

una rana muy pequeña	un lugar muy popular
un pájaro de Puerto Rico	un pico muy alto
una serpiente muy larga	gigantes
un parque nacional	una flor tropical

1. Los helechos *son gigantes en el Yunque.*_____

2. La boa puertorriqueña_____

3. El Yunque _____

4. La orquídea_____

5. El coquí _____

6. La cotorra puertorriqueña _____

7. La cascada La Mina _____

8. El Toro _____

3. ¿Qué sabes ahora?
Summarizing what you have learned

Write a sentence about each of the four most interesting things you have learned about El Yunque.

1. _____

2. _____

3. _____

4. _____

TALLER DE ESCRITORES

1. **Una postal para tus amigos**
Writing a postcard

In Spanish, write a postcard from Puerto Rico to a friend. Include as much of the information listed below as you can.

- Date and city you are writing from
- Places you are going to visit
- Water sports you want to participate in
- What the weather is like
- Activities you do (when it is sunny and when it rains)
- Animals you can see in the rain forest

Be sure to include your friend's address!

NOMBRE_____FECHA_____

2. De vacaciones
Applying your writing skills

Write sentences about the topics below.

• Qué haces en la playa

1. _____

2. _____

• Qué deportes sabes hacer

3. _____

4. _____

• Qué cosas sabes sobre El Yunque

5. _____

6. _____

3. Otras fronteras
Writing about ecology, art, science, and music

Answer the following questions about the topics in *Otras fronteras*.

¿Cuál es tu animal favorito? ¿Por qué?	¿Te gustaría visitar otro planeta? ¿Por qué?
ECOLOGÍA _____ _____ _____ _____ **MANATÍES EN PELIGRO** _____	**CIENCIAS** _____ _____ _____ _____ **MENSAJES DE LAS GALAXIAS** _____
¿Te gusta este cuadro? ¿Por qué?	¿Qué instrumento te gustaría tocar? ¿Por qué?
ARTE _____ _____ _____ _____ **PINTEMOS CON PALABRAS** _____	**MÚSICA** _____ _____ _____ _____ **LA BOMBA AFRICANA** _____

RESUMEN

1. ¿Quién sabe hacer...?

Reviewing beach activities and the verbs **saber** *and* **querer**

Write sentences about which of the people mentioned know how to do each activity. Use the sports equipment listed next to each person as a clue about his or her skill.

Ramiro / pelota	Carmelo / remos	Julián / paracaídas
Maricruz / tabla a vela	Remedios / aletas	Yo / bote a motor
Fernanda / esnórquel	Soledad / velero	Tú / tabla de surf

1. (bucear) _Fernanda y Remedios saben bucear._

2. (remar) _____

3. (hacer tabla a vela y surf) _____

4. (jugar voleibol) _____

5. (hacer parasailing) _____

6. (navegar) _____

2. ¿Quién quiere hacer...?

Reviewing beach activities and the verb **querer**

Write sentences about what beach activity these people want to do. The words in parentheses are cues to what that activity is. Replace names with the appropriate pronoun.

1. Tú y José (paracaídas) _Ustedes quieren hacer parasailing._

2. Yo y Rebeca (pelota) _____

3. Tú (velero) _____

4. Julio y Nieves (remos) _____

5. María (esnórquel) _____

3. ¿Qué te gusta hacer cuando...?
Reviewing weather expressions and **gustar**

Match the weather with an appropriate activity. Then write sentences including this information.

WEATHER	ACTIVITIES
hace sol	volar chiringas
llueve	leer un libro
hace viento	nadar
hace frío	esquiar

1. (nosotros) *Cuando hace sol nos gusta nadar.*_____

2. (yo) _____

3. (tú) _____

4. (Jorge y Rosa) _____

4. Dame un consejo
Reviewing informal commands

Write sentences giving advice to each person below. Use an informal command, a sentence with *no deber,* **and a sentence with** *tener que.*

1. María tiene un examen mañana. *Estudia. No debes jugar.*
   *Tienes que estudiar.*_____

2. Juan está enfermo. Quiere ir a la playa. _____
   _____

3. Berta no escribió la composición. _____
   _____

4. Narciso no sabe hacer surf. _____
   _____

5. Patricia va a salir. Viene un huracán. _____
   _____

UNIDAD 4, CAPÍTULO 7
LA VIDA ESTUDIANTIL

CONVERSEMOS

1. **¿Qué materias tienes?**
Using new vocabulary: school subjects

Write sentences based on the pictures, telling whether you are taking the following subjects this year.

1. _Este año tengo educación física._

2. _____

3. _____

4. _____

5. _____

6. _____

7. _____

8. _____

2. **¿No hiciste la tarea?**
Using new vocabulary: excuses

Write answers to the questions, telling why you did not do your homework.

1. ¿Por qué no hiciste el informe? _____

2. ¿Por qué no hiciste la tarea de álgebra? _____

REALIDADES

1. ¡A leer!
Reading comprehension

Answer each question, basing your answer on what you have read.

1. ¿Cómo llegó Grace a la escuela el primer día de clases ?_____
_____

2. ¿Qué hizo toda la clase? _____
_____

3. ¿Qué pasó en diciembre? _____
_____

4. ¿Qué fue emocionante? _____
_____

5. ¿Dónde pasaron muchas horas Pedro y Lola en febrero? _____
_____

6. ¿Qué leyeron Marta y Curro en la clase de inglés? _____
_____

2. Mis actividades
Expressing your point of view

Think about some activities that you have done recently. Write sentences about them using some of the words and expressions below.

leí	hice	¡Qué interesante!	¡Qué genial!
bailé	escribí	Qué divertido!	¡Qué suerte!
empecé	jugué	¡Qué emocionante!	¡Qué rollo!

1. *Leí una novela. ¡Qué interesante!* _____

2. _____

3. _____

4. _____

5. _____

6. _____

PALABRAS EN ACCIÓN: VOCABULARIO

1. **En la escuela**
Practicing new vocabulary: school words

Complete each sentence using an appropriate expression from the box.

capítulos	tarea	pasillo
química	fuente de tomar agua	problemas
informática	buena nota	

1. En clase de _____ hicimos un experimento.

2. Saqué _____ en la composición de la clase de literatura.

3. En literatura inglesa nos hicieron leer dos _____ de *Pride and Prejudice*.

4. Los armarios están en el _____ de la escuela.

5. Charo no hizo los _____ de álgebra.

6. Me gustan mucho las computadoras. Mi materia favorita es la
_____

7. Tengo sed. ¿Dónde está la _____?

8. No hice la _____ porque dejé los libros en el armario.

2. **Después de clase**
Practicing new vocabulary: after-class activities

Write sentences telling what the people listed below do after class.

Actividades
cantar en el coro
hacer un experimento
hacer la tarea
hacer una excursión
jugar un partido
escribir un poema

1. María estudia mucho. *Ella va a hacer la tarea.*

2. A Juan le gusta el fútbol _____

3. Alberto tiene examen de química. _____

4. A Isabel le gusta la literatura. _____

5. A Noemí le encanta el campo. _____

6. Mi primo sabe cantar muy bien. _____

3. ¿Cómo fue el examen?
Practicing new vocabulary

Choose the expression from the box that best matches each sentence on the left. Then write each pair below.

1. Julia estudió mucho para el examen.
2. Santi no estudió, pero sacó buena nota.
3. David estudió mucho, pero sacó mala nota.
4. El examen de inglés fue muy difícil.
5. Después del examen, hicimos una fiesta.
6. Los problemas de física son muy aburridos.

> ¡Qué suerte!
> ¡Fue horrible!
> Sacó buena nota.
> ¡Qué rollo!
> ¡Qué mala suerte!
> ¡Qué genial!

1. *Julia estudió mucho para el examen. Sacó buena nota.*
2. _____
3. _____
4. _____
5. _____
6. _____

4. ¿El o la?
Practicing vocabulary: definite articles

Write the definite article for each noun. Then choose four words and write a sentence with each one.

1. _*el*_ patio   5. _____ equipos   9. _____ salón de actos

2. _____ moto   6. _____ apuntes   10. _____ calculadora

3. _____ canastas   7. _____ geometría   11. _____ poemas

4. _____ informe   8. _____ álgebra   12. _____ fórmulas

1. _____
2. _____
3. _____
4. _____

PARA COMUNICARNOS MEJOR: GRAMÁTICA

The preterite tense of -ar verbs

- The following chart shows the preterite forms of regular -ar verbs, like *nadar*.

NADAR			
PRESENT		PRETERITE	
Subject Pronoun	Verb	Subject Pronoun	Verb
yo	nado	yo	nadé
tú	nadas	tú	nadaste
Ud. / él / ella	nada	Ud. / él / ella	nadó
nosotros(as)	nadamos	nosotros(as)	nadamos
vosotros(as)	nadáis	vosotros(as)	nadasteis
Uds. / ellos / ellas	nadan	Uds. / ellos / ellas	nadaron

- Verbs ending in -car, -gar, and -zar have spelling changes in the *yo* forms of the preterite, as follows: -c- changes to -qu-, -g- changes to -gu-, and -z- changes to -c-.

  tocar *(to play an instrument; to touch)*   **yo toqué** *(I played; I touched)*

  llegar *(to arrive)*   **yo llegué** *(I arrived)*

  empezar *(to begin)*   **yo empecé** *(I began)*

1. ¿Qué hicieron?
Practicing preterite forms of -ar verbs

Complete each sentence with the correct preterite form of the verb in parentheses.

1. Mis amigos y yo (jugar) _____*jugamos*_____ al ajedrez el domingo pasado.

2. Yo (llegar) _____ en taxi al concierto el sábado pasado.

3. ¿De qué (hablar) _____ tus hermanos ayer?

4. ¿(empezar) _____ tú la tarea de español la semana pasada?

5. Ayer, Ricardo (usar) _____ los tubos de ensayo para su experimento.

6. ¿Qué (estudiar) _____ ustedes el año pasado en la clase de literatura?

2. **¿Qué hiciste?**
Practicing present and preterite forms of -ar verbs

Complete the sentences with the correct preterite or present form of the appropriate verb from the box.

comprar	estudiar	jugar	practicar
dejar	ganar	llegar	sacar
empezar	hablar	pasar	usar

1. Ayer (yo) _____ tres horas en el laboratorio y _____ las fórmulas de química.

2. Mi hermano _____ un diccionario; ahora (él) _____ muy bien.

3. El año pasado (tú) _____ mala nota en francés; este año _____ español y _____ muy buenas notas.

4. Ayer mis amigos y yo _____ un partido de fútbol y _____ 3–0.

5. La semana pasada (yo) _____ las clases de informática y ya _____ la computadora muy bien.

6. Esta mañana Isabel y Roberto _____ en moto a la escuela y _____ la tarea en casa.

3. **¿Hiciste la tarea?**
Practicing preterite forms of -ar verbs

Write sentences in the preterite.

1. tú / terminar / la tarea *Terminaste la tarea.*_____

2. Pepe / ganar / el partido _____

3. tu hermano y tú / cantar / en el coro _____

4. yo / sacar / buena nota _____

5. nosotros / empezar / el experimento _____

6. ellos / dejar / los libros en casa _____

PARA COMUNICARNOS MEJOR: GRAMÁTICA

The preterite tense of *-er* and *-ir* verbs

- As you have learned, *-er* and *-ir* verbs have much in common in the present tense. In the preterite, these verbs have the same endings. To conjugate regular *-er* and *-ir* verbs in the preterite, take the stem and add the highlighted endings from the chart. Note that the *yo* and *Ud. / él / ella* forms have an accent, just as they do for *-ar* verbs.

COMER		SALIR	
Subject Pronoun	Verb	Subject Pronoun	Verb
yo	com**í**	yo	sal**í**
tú	com**iste**	tú	sal**iste**
Ud. / él / ella	com**ió**	Ud. / él / ella	sal**ió**
nosotros(as)	com**imos**	nosotros(as)	sal**imos**
vosotros(as)	com**isteis**	vosotros(as)	sal**isteis**
Uds. / ellos / ellas	com**ieron**	Uds. / ellos / ellas	sal**ieron**

- The verb **hacer** is irregular in the preterite. The verb **leer** is not irregular, but it does have a spelling change in the *Ud. / él / ella* and *Uds. / ellos / ellas* forms.

HACER		LEER	
Subject Pronoun	Verb	Subject Pronoun	Verb
yo	hice	yo	leí
tú	hiciste	tú	leíste
Ud. / él / ella	hizo	Ud. / él / ella	leyó
nosotros(as)	hicimos	nosotros(as)	leímos
vosotros(as)	hicisteis	vosotros(as)	leísteis
Uds. / ellos / ellas	hicieron	Uds. / ellos / ellas	leyeron

1. ¿Qué hiciste?
Practicing preterite forms of -er *and* -ir *verbs*

Complete each sentence with the correct preterite form of the verb in parentheses.

1. Nosotros (comer) _____*comimos*_____ verduras anoche.

2. Yo (aprender) _____ muchas cosas nuevas en la clase de ayer.

3. ¿Qué (hacer) _____ en tus últimas vacaciones?

4. Ella (compartir) _____ un postre con su hermano.

NOMBRE_____FECHA_____

2. **Ayer, en la escuela**
Practicing preterite forms of **-er** *and* **-ir** *verbs*

For each statement, write a follow-up sentence in the preterite choosing the appropriate expression from the box below.

hacer una excursión	leer un poema	comprender la fórmula
hacer un experimento	escribir un informe	hacer un examen
aprender los verbos	leer los apuntes	

1. Mi hermano tuvo clase de literatura. *Leyó un poema.*_____

2. Nosotros no tuvimos clase._____

3. Tú tuviste clase de química. _____

4. Ellos tuvieron clase de inglés. _____

5. Sandra no fue a clase de química. _____

6. Yo estuve en casa, enfermo. _____

7. Usted tuvo clase de matemáticas. _____

8. Ustedes tuvieron clase de francés. _____

3. **¡No hicimos nada!**
Practicing preterite forms of **-er** *and* **-ir** *verbs*

Write sentences in the negative, using the preterite.

1. yo / leer / el capítulo _____

2. Rubén / hacer / la tarea _____

3. nosotros / comprender / el problema _____

4. ustedes / aprender / las fórmulas _____

5. tú / escribir / la composición _____

6. tus amigos / compartir / sus refrescos _____

REPASO

1. ¿Qué es?
Reviewing new vocabulary

Use the words in the box below to complete the sentences.

carpeta	canasta	pasillo
microscopio	informática	patio

1. Usas un ___*microscopio*___ para ver objetos muy pequeños.

2. En la clase de _____ aprendes a usar la computadora.

3. Para jugar al baloncesto necesitas una pelota y una _____ .

4. Los papeles y apuntes están en la _____ .

5. En el _____ de la escuela hay armarios para los libros.

6. En la escuela, los estudiantes juegan en el _____ .

2. ¿Qué hicieron?
Reviewing sentences using the preterite

Write captions telling what the people in the pictures did yesterday in school.

1. _____

2. _____

3. _____

4. _____

3. **Mi horario de clases**
Reviewing what you have learned

Write your own class schedule. Include your subjects and the time each class begins. If you do not have classes on Saturdays, fill in the boxes with the activities you like to do on weekends.

HORA	lunes	martes	miércoles	jueves	viernes	sábado

4. **¿Y tú?**
Expressing your point of view

Answer the following questions about your school experience.

1. ¿Qué materias tienes este año?

_____

2. ¿Cuál es tu materia favorita? ¿Por qué?

_____

3. ¿Qué hiciste en la última clase de español?

_____

4. ¿Qué hiciste ayer después de la escuela?

_____

¿QUÉ APRENDISTE?

1. **¿Qué pasó?**
Self-test: the preterite of -ar verbs

Write a sentence for each item using the correct preterite form of the verb.

1. ayer / yo / comprar un libro
Ayer compré un libro.

2. la semana pasada / Eduardo / sacar mala nota en física

_____

3. el mes pasado / tú y yo / empezar un proyecto

_____

4. ayer / tú / jugar al baloncesto

_____

5. el martes pasado / yo / llegar temprano a la escuela

_____

6. el miércoles pasado / Ana y Eva / cantar en el coro

_____

2. **¿Qué hiciste?**
Self-test: the preterite of -er and -ir verbs

Write a sentence for each item using the correct preterite form of the verb.

1. anoche / Alberto / hacer su tarea
Anoche Alberto hizo su tarea.

2. ayer / tú / escribir una carta

_____

3. el año pasado / yo / aprender español

_____

4. el sábado pasado / él y yo / comer en un restaurante

_____

5. la semana pasada / ella / leer un cuento

_____

3. **En mi escuela**

Self-test: applying what you have learned

Write a dialog about your school experience. Then practice the dialog with your partner.

¿Qué materias
nuevas tienes
este año?

A.
Ask your partner what new subjects he/she has this year.

B.
Respond. Ask the same question.

_____
_____
_____

_____
_____
_____

A.
Respond. Ask what homework he/she did yesterday.

B.
Respond. Ask the same question.

_____
_____

_____
_____
_____

A.
Respond. Ask about his/her schedule.

B.
Respond.

_____

UNIDAD 4, CAPÍTULO 8
PREPARÁNDOSE PARA SALIR

CONVERSEMOS

1. **Antes de salir**
Using vocabulary: getting ready to go out

Using the pictures, say what you do before going out.

1. *Me ducho.*_____

2._____

3._____

4._____

5._____

6._____

2. **¿Qué vas a llevar?**
Using new vocabulary: clothing

Match each definition with the correct item of clothing.

1. Ropa que te pones encima de la camisa. _*el chaleco*_____

2. Un tipo de pantalones. _____

3. Ropa que se lleva cuando hace frío. _____

4. Ropa que se puede llevar debajo de un suéter. _____

REALIDADES

1. **¡Vamos a divertirnos!**
Reading comprehension

Based on the entertainment guide, write a sentence answering each question.

1. ¿Qué días puedes ir al museo?

_____

2. ¿Cuándo puedes tomar clases de baile?

_____

3. ¿En qué sala está *Flamenco*?

_____

4. ¿Quién es el director de *Flamenco*?

_____

5. ¿Cuánto cuesta una entrada para el concierto de *La Lola*?

_____

6. ¿Qué representan en el teatro Lope de Vega?

_____

7. ¿Cuándo está abierta la discoteca Guadalquivir?

_____

8. ¿Qué equipos juegan al fútbol en el estadio Benito Villamarín?

_____

2. **¿Adónde vas?**
Practicing vocabulary: entertainment

Complete each sentence using one of the words that follow.

arte   museo   deportes   discoteca

1. Mañana voy a ir a la _____ para bailar rock.

2. Inés e Isabel van al _____ para ver una película.

3. ¿Quieres ir a una exposición de _____ en el Museo de Bellas Artes?

4. Voy a ir a un partido de fútbol porque me gustan los _____ .

PALABRAS EN ACCIÓN: VOCABULARIO

1. *¿El o la?*
Practicing new vocabulary: clothing

Write the definite article for each item of clothing. Then write the plural of each word.

1. _____ chaleco _____   4. _____ falda _____

2. _____ camisa _____   5. _____ vestido _____

3. _____ blusa _____   6. _____ chaqueta _____

2. Los números
Practicing new vocabulary: numbers

Write out the following numbers.

a. 1.000 _____

b. 1.500 _____

c. 1.100 _____

d. 10.000 _____

3. Preparándose para la escuela
Practicing new vocabulary: daily activities

It's Monday morning and you are preparing to go to school. Write a paragraph arranging the sentences that follow in the order they take place.

Me seco.   Me ducho.   Me pongo la ropa.   Me peino.

_____

_____

_____

_____

_____

_____

4. ¿Qué dicen?
Practicing vocabulary

Write what the people in the drawings might be saying.

1. _____
_____
_____
_____

2. _____
_____
_____
_____

3. _____
_____
_____
_____

4. _____
_____
_____
_____

5. ¿Qué necesitas?
Practicing vocabulary: reflexive verbs

Complete each sentence with the appropriate word from the box.

1. Para _____ necesito el jabón.

2. Para _____ necesito el peine.

3. Para _____ el pelo necesito el champú.

4. Para _____ necesito la toalla.

ducharme	secarme
lavarme	peinarme

PARA COMUNICARNOS MEJOR: GRAMÁTICA

The present tense of *poder* and *salir*

- Here are the forms of the verb *poder* in the present tense. Note that the *o* in the stem changes to *ue* in all forms except *nosotros(as)* and *vosotros(as)*.

- Other verbs with the same stem change as *poder* are *costar* (to cost) and *volver* (to come back).

- The verb *salir* is irregular only in the *yo* form: *salgo*.

PODER					SALIR				
SINGULAR		PLURAL			SINGULAR		PLURAL		
Pronoun	Verb	Pronoun	Verb		Pronoun	Verb	Pronoun	Verb	
yo	puedo	nosotros(as)	podemos		yo	salgo	nosotros(as)	salimos	
tú	puedes	vosotros(as)	podéis		tú	sales	vosotros(as)	salís	
usted / él / ella	puede	ustedes / ellos / ellas	pueden		usted / él / ella	sale	ustedes / ellos / ellas	salen	

1. ¿Qué hacemos?
Practicing forms of **poder** *and* **salir**

Complete the sentences with the appropriate form of *poder* or *salir*.

1. Nosotros ____*podemos*____ hacer la tarea cada día.

2. Yo _____ con mis amigos los sábados por la tarde.

3. ¿A qué hora _____ tú para la escuela?

4. Ella _____ leer una novela cada semana.

5. Mis amigos _____ muy temprano para ir de excursión.

6. Usted _____ ir al concierto el sábado.

7. Tu amigo y tú _____ de la escuela a las seis de la tarde.

8. Tú _____ ir a la playa en invierno.

2. Ayer, en la escuela
Practicing forms of **poder** *and* **salir**

Match the phrases on the left with the phrases on the right and then write the complete sentence below.

yo	puedes comer de todo
mis amigos	puedo ir a la discoteca los viernes
tú	salen tarde de la escuela
cada día, tus hermanos y tú	salen en grupo los fines de semana

1. *Yo puedo ir a la discoteca los viernes.*

2. _____

3. _____

4. _____

3. ¿Puedes o no?
Practicing forms of **poder** *and* **salir**

Write sentences using the information given below. Be sure to use the correct forms of *poder* or *salir*.

1. Eulalia / salir / los fines de semana

   Eulalia sale los fines de semana.

2. Tomás / poder / correr mucho

   _____

3. yo / no / salir / tarde / de la escuela

   _____

4. ustedes / no / poder / hacer los problemas

   _____

5. tú / salir / de tu casa / a las nueve

   _____

PARA COMUNICARNOS MEJOR: GRAMÁTICA

Reflexive verbs

- You use reflexive verbs to talk about things that you do to or for yourself or that someone does to or for himself / herself—such as brushing one's teeth. These verbs are used with the reflexive pronouns shown below.

REFLEXIVE PRONOUNS			
SINGULAR		PLURAL	
Subject Pronoun	Reflexive Pronoun	Subject Pronoun	Reflexive Pronoun
yo	**me**	nosotros(as)	**nos**
tú	**te**	vosotros(as)	**os**
Ud. / él / ella	**se**	Uds. / ellos / ellas	**se**

- Reflexive pronouns usually precede the verb. However, they follow the verb and are attached to it when the verb is an infinitive or an affirmative command.

Me peino.	*I comb my hair.*
Se ducha cada mañana.	*He / she takes a shower every morning.*
¿Cuándo vas a bañarte?	*When are you going to take a bath (bathe yourself)?*
Prepárate para el examen.	*Get ready (prepare yourself) for the test.*

- The reflexive verb **ponerse** is irregular in the **yo** form.

yo me pongo	**nosotros(as) nos ponemos**
tú te pones	**vosotros(as) os ponéis**
Ud. / él / ella / se pone	**Uds. / ellos / ellas / se ponen**

1. ¿Qué te pones?
Practicing forms of reflexive verbs

Complete each sentence with the correct form of the reflexive verb in parentheses.

1. Nosotros (ponerse) ___*nos ponemos*___ vaqueros para salir con los amigos.

2. Yo (ducharse) _____ en diez minutos todas las mañanas.

3. Tú (lavarse) _____ la cara con agua fría.

4. ¿En cuánto tiempo (secarse) _____ ella el pelo?

2. Preparándose
Practicing forms of reflexive verbs

Complete each sentence with the correct form of the reflexive verb in parentheses.

1. Ramón (bañarse) _____*se baña*_____ cada noche.

2. Mi hermana y yo (cepillarse) _____ los dientes cada noche.

3. Después de nadar, los niños (secarse) _____ .

4. Y tú, ¿en cuánto tiempo (ducharse) _____ ?

5. Voy a (ponerse) _____ un vestido verde.

6. Mis hermanos (lavarse) _____ las manos antes de cenar.

7. ¿En cuánto tiempo (prepararse) _____ Catalina para salir?

8. Yo (ponerse) _____ un chaleco y unas botas.

3. ¿Estás listo?
Practicing forms of reflexive verbs

Complete the dialog below using the verbs in the box. Each verb may be used more than once.

ponerse	lavarse	prepararse
cepillarse	ducharse	encontrarse

— Hola Jaime. ¿Quieres salir con nosotros esta noche?

— Sí, pero necesito tiempo para __*prepararme*__.

— ¿Qué tienes que hacer?

— Tengo que _____ el pelo, _____ los

dientes y _____ la ropa.

— Está bien. ¿Qué vas a _____ ?

— Voy a _____ unos vaqueros y una camisa.

— ¡Qué bien! Bueno, me tengo que ir. Quiero _____ antes

de salir. _____ después.

— ¡Hasta luego!

REPASO

1. ¡Claro que quiero salir!
Reviewing vocabulary: getting ready to go out

List four words or phrases under each category.

¿Qué haces
antes de salir?   _____
            _____
            _____
            _____
            _____

¿Adónde vas?
_____
_____
_____
_____
_____

SALIENDO CON AMIGOS

¿Qué te pones?
_____
_____
_____
_____
_____
_____

2. Tal vez otro día
Reviewing vocabulary: going out with friends

Write four different responses to the following question.

¿Quieres salir?

1. _____

2. _____

3. _____

4. _____

3. El sábado por la noche
Reviewing vocabulary

Find nineteen words hidden in the following puzzle. There are items of clothing, places to go, a telephone term, prices of tickets in pesetas, and words that have something to do with you. Then use some of the words to complete the sentences below.

```
B  O  F  A  L  D  A  M  A  G  N  A  R  E  B
F  A  R  M  A  I  N  Í  M  C  S  L  S  X  M
E  F  I  A  R  E  T  F  U  A  O  L  E  P  O
N  Ó  D  L  V  N  T  V  O  M  N  C  Y  O  F
T  G  B  J  E  T  R  A  S  I  A  I  K  S  E
R  O  L  F  S  E  O  R  V  S  M  C  A  I  J
A  C  U  M  T  S  P  T  T  A  B  R  O  C  A
D  E  S  N  I  L  A  E  C  A  L  A  M  I  S
A  L  A  N  D  R  F  L  O  B  T  U  F  O  N
B  A  E  S  O  T  A  P  A  Z  E  T  N  N  E
T  H  F  M  S  A  T  N  E  I  N  I  U  Q  M
O  C  H  O  C  I  E  N  T  A  S  R  B  U  N
R  M  T  L  S  E  N  O  L  A  T  N  A  P  O
```

1. Carmen quiere ir a una _____ de _____ moderno en el Museo Botero.

2. Bernardo quiere ir a un _____ en el YMCA.

3. Luisa se pone su _____ azul, una _____ blanca y sus _____ nuevos.

4. Julio quiere ir a un partido de _____ .

5. Juan quiere ponerse una _____ roja.

6. La entrada al museo cuesta _____ pesetas y la entrada al partido cuesta _____ .

7. María llama a Carlos por teléfono y deja un _____ en su contestador automático.

8. Inés se lava el _____, se cepilla los _____ y se pone la ropa para ir al baile.

¿QUÉ APRENDISTE?

1. **¡Qué cantidad de ropa!**
Self-test: clothes and leisure activities

Make a chart of your favorite clothes. Describe them and say what you wear them with and when.

MI ROPA			
Ropa	Cómo es	Con qué te la pones	Cuándo te la pones
Blusa	*roja*	*Me la pongo con los vaqueros negros*	*Cuando voy a la bailar*

2. **La rutina diaria**
Self-test: reflexive verbs

Write sentences telling what the people in the drawings are doing.

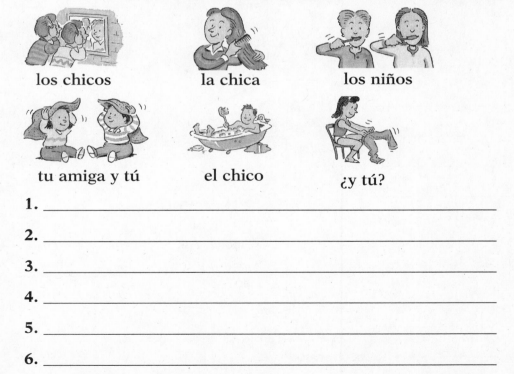

los chicos   la chica   los niños

tu amiga y tú   el chico   ¿y tú?

1. _____

2. _____

3. _____

4. _____

5. _____

6. _____

3. ¿Con quién sales?

Self-test: applying what you have learned

Write a dialog about going out. Then practice the dialog with your partner.

Generalmente, _____
¿con quién _____
sales? _____

A.
Ask your partner whom he/she usually goes out with.

B.
Respond. Ask the same question.
_____
_____

A.
Respond. Ask what he/she usually does before going out.
_____
_____
_____
_____

B.
Respond. Ask the same question.
_____
_____

A.
Respond. Ask him/her to go out with you tonight.
_____
_____
_____

B.
Respond. Ask where you will meet.
_____
_____

A.
Respond. Good-bye.
_____
_____

UNIDAD 4, ADELANTE

DEL MUNDO HISPANO

1. Andalucía y sus maravillas
Reading comprehension

Fill in the blanks with the word or phrase that best completes each sentence.

azulejos	influencia islámica
flamenco	laúd
guitarra	sistemas de irrigación

1. Los _____*azulejos*_____ de los edificios tienen diseños geométricos.

2. Se puede ver la _____ por todas partes.

3. El _____ combina elementos de la música árabe y gitana.

4. El _____ es un instrumento de cuerdas.

5. Los árabes crearon _____.

6. La _____ es el instrumento básico del flamenco.

2. La influencia islámica en España
Organizing information

Fill in this chart with what you have learned about the Islamic influence in Spanish culture. Use a separate sheet of paper if necessary

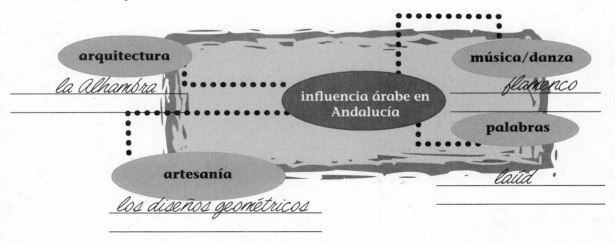

arquitectura

la Alhambra

música/danza

flamenco

influencia árabe en Andalucía

palabras

artesanía

laúd

los diseños geométricos

---

3. La herencia cultural de Andalucía
Reading comprehension

Write answers to the following questions about Andalusia using the cues in the box.

Al-Andalus	200 años
la Alhambra	la Giralda
la arquitectura y la música	judíos, cristianos y musulmanes

1. ¿Quiénes vivieron en Al-Andalus entre los años 711 y 1492?
Judíos, cristianos y musulmanes vivieron en Al-Andalus.

2. ¿En qué se puede ver la influencia árabe en España?
_____

3. ¿En cuánto tiempo se construyó la Mezquita de Córdoba?
_____

4. ¿Qué edificio fue la residencia del rey de Granada?
_____

5. ¿Por qué hoy el sur de España se llama Andalucía?
_____

6. ¿Qué edificio forma hoy parte de la Catedral de Sevilla?
_____

4. Tú eres el guía turístico
Summarizing and applying what you have learned

Write a paragraph of at least three sentences describing what you think are the most attractive or interesting features of Andalusia.

En Andalucía podemos ver. . .
_____
_____
_____
_____
_____
_____

TALLER DE ESCRITORES

1. **El periódico estudiantil**
Writing a page for a school newspaper

On a separate sheet of paper, write the front page of a school newspaper, like the one shown here. Include the following:

- The name of the paper and the name of the school
- The city and date of publication
- The headline for the cover story
- The cover story
- Classified ads offering after-class activities
- Suggestions for photographs or illustrations

La noticia estudiantil

Periódico de la Escuela Benito Pérez Galdós

Sevilla   Lunes, 7 de Mayo 1998

Gran Fiesta en el gimnasio

Los estudiantes de la clase de español preparan una fiesta en el gimnasio, este viernes, a las ocho de la tarde. Todos los estudiantes están invitados. Van a tener baile, bebidas y refrescos. Van a celebrar el primer aniversario del Club de español.

Academia de Baile "Paco" Clases de flamenco y danza clásica. C / Cortés, 24, Sevilla Tel. 555-47-25	Buscamos a un chico para nuestro equipo de fútbol. Jugamos todos los sábados. Información: Tel. 555-32-22 (Juan)

---

2. En la escuela
Writing answers to questions

Answer the questions below with complete sentences.

1. ¿Qué haces cada día por la mañana antes de ir a la escuela?

_____

2. ¿En cuánto tiempo te preparas para salir a la escuela?

_____

3. ¿Cuáles son tus materias favoritas y por qué?

_____

4. ¿Cuál fue la mejor tarea que hiciste la semana pasada?

_____

3. Otras fronteras
Writing about ecology, technology, languages and literature

Answer the following questions about the topics in *Otras fronteras*.

¿Qué sabes de las reservas ecológicas en Estados Unidos? ¿Dónde están? ¿Qué animales están en peligro de extinción? **ECOLOGÍA** _____ _____ **EL COTO DE DOÑANA** _____	¿Cuál es tu juego de mesa favorito? ¿Por qué? **IDIOMAS** _____ _____ **¡JAQUE MATE!** _____
¿Cómo te gusta viajar? ¿Por qué? ¿En qué países hay trenes de alta velocidad? **TECNOLOGÍA** _____ _____ _____ **UN AVE QUE ES UN TREN** _____	¿Quién es tu poeta favorito? ¿Por qué? ¿Qué escribió? **LITERATURA** _____ _____ _____ **EL POETA DE LOS GITANOS** _____

RESUMEN

1. ¿Cómo te preparas?
Reviewing reflexive verbs

Tell what the following people do to prepare themselves for these situations. Choose from the list of verbs provided.

ducharse en el gimnasio	ponerse un suéter
ponerse el vestido	cepillarse los dientes
ponerse el impermeable	peinarse

1. yo / antes de ir al dentista

Yo me cepillo los dientes.

2. tú / antes de salir de casa en un día con mucha lluvia

_____

3. mis amigos / después de jugar al fútbol en la escuela

_____

4. mis amigos y yo / antes de salir de casa un día fresco

_____

5. tu prima / antes de ir a una fiesta

_____

6. mi profesor(a) / después de volver a casa cuando hace mucho viento

_____

2. Saliendo con amigos
Expressing your point of view

Answer the following questions.

1. ¿Sales con los amigos cuando llueve mucho?

_____

2. ¿Salen tú y tus amigos todos los fines de semana?

_____

3. ¿Dónde se encuentran tú y tus amigos cuando salen por la noche?

_____

4. ¿Qué ropa te pones para salir con los amigos?

_____

3. Vamos a salir
Writing about going out

Write a paragraph about a day out in Seville. Look at the guidebook below and tell the places you would like to visit and the activities you would like to do.

LA SEMANA EN SEVILLA

ARTE
Exposición de Arte de Sevilla en el Museo de Bellas Artes. De martes a domingo, de 9:00 a 18:00 hrs. Entrada: 150 pesetas.

BAILE
Baile de sevillanas en la Academia Manolo Marín. De lunes a jueves, de 18:00 a 20:00 hrs. Para más informa-ción, llamar al 437-25-12.

DISCOTECAS
Discoteca Guadalquivir. Abierta desde las 22:00 hrs. Todos los fines de semana. Entrada: 1.500 pesetas.

TEATRO
La Violetera en el teatro Lope de Vega. De lunes a jueves, a las 20:00 hrs. Entrada: 2.000 pesetas.

CINE
Flamenco de Carlos Saura. En la sala Rialto, de martes a viernes a las 16:00, 18:15, 20:30 y 22:45 hrs. Entrada 400 pesetas.

CONCIERTOS
Famosa banda de rock La Lola, en la plaza de San Francisco. Viernes y sábado a las 21:00 hrs. Entrada: 600 pesetas.

DEPORTES
Partido de fútbol entre el Betis y el Sevilla en el estadio Benito Villamarín. El sábado a las 14:00 hrs. Entrada: 2.500 pesetas.

_____

_____

_____

_____

_____

_____

_____

UNIDAD 5, CAPÍTULO 9
LOS MEDIOS DE COMUNICACIÓN

CONVERSEMOS

1. ¿Qué piensas?
Using new vocabulary: suggestions

You and a friend are spending an evening at home. Select the response that best answers your friend's statements.

—Baja el volumen, por favor.
—Apaga el televisor.
—Pon música clásica.

—Cambia de canal.
—Enciende el televisor.
—Sube el volumen, por favor.

1. —No me gusta el rock duro. Me gusta la música relajante.
  -Pon música clásica.

2. —Quiero saber qué equipo gana el partido y la radio todavía no lo dice.
  _____

3. —El estéreo es muy ruidoso. _____

4. —Quiero mirar otro programa. _____

5. —¡Escucha! Es tu canción favorita. _____

6. —Vamos a jugar al fútbol. _____

2. ¿Qué tipo de revista?
Using new vocabulary: types of magazines

Choose the type of magazine from the drawings that matches each headline below.

1. "España: el país de tus sueños" *revistas de viajes* _____

2. "Los Bulls ganan otra vez" _____

3. "Los Oscars: la gran fiesta del cine" _____

4. "Nueva información sobre salud" _____

REALIDADES

1. Programación de Miami
Reading comprehension

Based on what you have read, answer the following questions.

1. ¿Qué es *Sábado Gigante*? *Un programa de música, concursos y entrevistas con estrellas del cine y los deportes.*

2. ¿Qué película hay en el canal 51 a las 9:30 p.m.? _____

_____

3. ¿En qué canal puedes ver un partido de baloncesto? _____

_____

4. ¿Qué es *El gato travieso*? _____

_____

5. ¿Qué programa hay a las 8:30 en el canal OLÉ?_____

_____

6. ¿Qué programa hay antes de *Alondra* en el canal 41? _____

_____

7. ¿Qué película hay a las 7:30? _____

_____

8. ¿Quién presenta el programa de música bailable? _____

_____

2. Los programas
Reading comprehension

Complete the following sentences according to the information in your text book.

1. A las 4:00 en el canal 23 puedes ver el programa de *Cristina* _____.

2. Patricia Janiot y Jorge Gestoso leen las _____ en el canal 41.

3. Lili Estefan tiene un programa de salsa y _____.

4. Roberto Vengoechea tiene un programa de _____.

5. Hay un partido de _____ en la estación de radio WMEX a las 6:00 p.m.

6. En el canal 41 puedes ver la _____ *Alondra*.

PALABRAS EN ACCIÓN: VOCABULARIO

1. **La radio, la televisión y el periódico**
Practicing vocabulary: TV, radio, and newspapers
Write the correct article for each noun. Then use the words to complete the sentences below.

1. ___*la*___ telenovela

2. _____ historietas

3. _____ canal

4. _____ programa

5. _____ documentales

6. _____ película

7. _____ concursos

8. _____ noticiero

9. _____ rap

10. _____ salsa

11. _____ volumen

12. _____ estaciones

1. A mi hermana le gustan las historias de amor. Siempre ve
la telenovela .

2. Yo veo siempre _____ porque me gustan las noticias.

3. Este programa no me gusta. Por favor, cambia _____.

4. _____ de ayer fue muy buena, pero me gustan más los concursos.

5. _____ es muy ruidoso.

6. No me gustan _____ de radio que hay en mi pueblo.

7. _____ es un ritmo latino.

8. Baja _____, por favor.

9. _____ son interesantes y muy informativos.

10. Ayer vi _____ de concursos.

11. A mi hermano le gustan _____. Yo prefiero las revistas de moda.

12. Los programas de música son buenos, pero me gustan más

_____.

2. Radio y televisión

Practicing vocabulary: TV programs

Choose the phrases in the right column that best complete the sentences in the left column. Then write the complete answers below.

El noticiero es más informativo que	cambia de canal.
El documental es menos divertido que	qué dan en el canal 8?
No me gusta este programa, por favor	los dibujos animados.
Esta música es muy ruidosa, por favor	la película?
No encuentro la teleguía. ¿Sabes	baja el volumen.
¿A qué hora empieza	los concursos.

1. *El noticiero es más informativo que los concursos.*

2. _____

3. _____

4. _____

5. _____

6. _____

3. ¿Cómo son?

Practicing agreement of adjectives

Complete each sentence using the correct form of *ser* and *estar* and an adjective from the box.

Adjetivos
- interesante
- educativo
- informativo
- divertido
- ruidoso
- relajante

1. Las revistas de ciencia *son interesantes*_____.

2. Los noticieros _____.

3. Los programas de deportes _____.

4. El rap _____.

5. La música clásica _____.

6. Los documentales _____.

PARA COMUNICARNOS MEJOR: GRAMÁTICA

The preterite of *ver*

- To talk about what you saw or watched, use the preterite of **ver. Ver** is irregular in the preterite. Note that there are no accents on any forms.

VER			
SINGULAR		**PLURAL**	
Pronoun	Verb	Pronoun	Verb
yo	**vi**	nosotros(as)	**vimos**
tú	**viste**	vosotros(as)	**visteis**
Ud. / él / ella	**vio**	Uds. / ellos / ellas	**vieron**

Making comparisons

- To make comparisons, use **más** (*more*) or **menos** (*less*) followed by an adjective and **que** (*than*). The adjective agrees in gender and number with the first noun in the comparison.

La música rock es más ruidosa que la música clásica.

Rock is louder than classical music.

Los anuncios son menos informativos que los documentales.

Advertisements are less informative than documentaries.

- To say *better than* or *worse than*, use **mejor** (*better*) or **peor** (*worse*) followed by **que** (*than*).

El rap es mejor / peor que el reggae.

Rap is better / worse than reggae.

1. ¿Qué vieron?
Practicing preterite forms of **ver**

Write sentences saying what your friends saw on TV yesterday, using the appropriate form of *ver* and the information given below.

1. nosotros / telenovela *Nosotros vimos la telenovela.*

2. Luisa y María / documentales _____

3. ellos / película _____

4. la Sra. López / noticiero _____

5. tú / programas de concursos _____

6. yo / dibujos animados _____

2. ¿Cómo es la música?

Making comparisons using **más... que** *and* **menos... que**

Write sentences comparing the musical styles below.

1. el rock duro / el reggae

   El rock duro es más ruidoso que el reggae.

2. el bolero / la música clásica

   _____

3. el jazz / la salsa

   _____

4. el rap / la música tex-mex

   _____

3. ¿Qué vieron?

Practicing preterite forms of **ver** *and comparatives*

Write sentences using the appropriate form of *ver* and the type of program suggested by the picture. Then compare that program with another one.

1. Yo *vi el noticiero. El noticiero es más informativo que la telenovela.*

   _____

2. Tú_____

   _____

   _____

3. Tina _____

   _____

   _____

4. Felipe y Sara _____

   _____

   _____

PARA COMUNICARNOS MEJOR: GRAMÁTICA

Direct object pronouns

- To refer to people and things, use direct object pronouns.

—¿Leíste el periódico?   —*Did you read the newspaper?*

—Sí, lo leí.   —*Yes, I read it.*

- Here are the direct object pronouns for *him, her, it,* and *them.*

DIRECT OBJECT PRONOUNS		
lo him, it	**los**	them (masc.)
la her, it	**las**	them (fem.)

- These direct object pronouns have the same gender and number as the nouns they replace. Notice that they are placed before the verb.

—¿**Tienes los discos compactos?**   —*Do you have the CDs?*

—Sí, los tengo.   —*Yes, I have them.*

1. **¿Lo vemos o lo escuchamos?**
Practicing direct object pronouns

Complete the dialog with the correct direct object pronouns.

—Ayer vi las noticias en la televisión.

—Yo no _____*las*_____ vi en la televisión, pero _____ escuché en la radio.

Hoy hay un documental interesante a las cinco de la tarde.

¿_____ quieres ver conmigo?

—¡Claro! Y por la noche hay dos programas de concursos,

¿_____ podemos ver?

—No sé si tenemos tiempo. ¿Tienes la teleguía?

—No, no _____ tengo, pero en el periódico también está la

programación. ¿_____ tienes?

—Sí, _____ tengo en casa. ¿Invitamos a Carlos y a Susana?

—Sí, _____ invitamos. ¡Nos vamos a divertir!

2. ¿Lo hicieron?
Practicing direct object pronouns

Answer the questions below, saying that you and your friends did the following activities yesterday.

1. ¿Apagó Cristina la radio? *Sí, la apagó.*_____

2. ¿Vieron Uds. el programa *Sábado Gigante*? _____

3. ¿Leíste el periódico y la revista? _____

4. ¿Encontraron Uds. el control remoto? _____

5. ¿Cambiaste el canal? _____

6. ¿Vieron ellos los dibujos animados? _____

7. ¿Encendimos el televisor?_____

8. ¿Subiste el volumen? _____

3. ¿Qué hicieron?
Practicing direct object pronouns

Write sentences, using direct object pronouns and the preterite tense of the verb.

1. Lisa / llevar / las maletas *Lisa las llevó.*_____

2. tú / comprar / los binoculares _____

3. el señor Ortiz / leer / el periódico _____

4. nosotros / ver / las noticias _____

5. ellos / escuchar / la radio_____

6. Luis / leer / la revista de espectáculos _____

7. yo / escribir / un cuento_____

8. tú / cocinar / el pastel_____

REPASO

1. **Mi programa favorito**
Reviewing what you have learned

On a separate sheet of paper, write a page from a TV guide, like the one below, announcing a special program of your choice. Include what time it's on, what kind of program it is, its title, and so on. You can illustrate it with a photograph or drawing.

El Castillo de los Juegos

**El programa de concursos
más divertido de la televisión**

*Todos los sábados,
a las 8 de la noche, en el canal 9.*

¡No te lo pierdas!

2. ¿Qué piensas?
Reviewing comparisons

Select the appropriate comparison based on the information provided and then write a complete sentence.

1. la música clásica / el rock duro / relajante

La música clásica es más relajante que el rock duro.

2. *Independence Day* / *Star Wars* / divertido

_____

3. las revistas de deportes / las historietas / informativo

_____

4. los dibujos animados / las telenovelas / entretenido

_____

3. Los medios de comunicación
Reviewing vocabulary: electronic appliances, things to read, types of music

Place the words below into three categories.

el bolero	la teleguía	la revista de espectáculos
las historietas	el reggae	el estéreo
el rock duro	el tocacintas	la sección de noticias
la revista de moda	la cinta	el televisor
la salsa	la videocasetera	el jazz

LOS MEDIOS DE COMUNICACIÓN

Tipos de música

_____
_____
_____
_____

Para leer

_____
_____
_____
_____

Aparatos electrónicos

_____
_____
_____
_____

¿QUÉ APRENDISTE?

1. **¿Qué vimos en la tele?**
Self-test: the preterite of **ver**

Complete the sentences with the correct preterite form of *ver*.

1. Ellos _____*vieron*_____ los dibujos animados.

2. ¿Tú _____ a mi hermana en el programa de concursos?

3. Ustedes _____ el noticiero de las 11.

4. Nosotros _____ la telenovela.

5. Silvia _____ el documental sobre México.

6. Yo _____ una película la semana pasada.

2. **¿Viste el programa?**
Self-test: the preterite of **ver** *and direct object pronouns*

Answer the questions below with the correct preterite form of *ver* and the appropriate direct object pronoun.

1. ¿Vio Susana la película en el canal 9 anoche?
   (No) *No. Susana no la vio.*_____

2. ¿Viste el noticiero a las 6:00 ayer?
   (Sí) _____

3. ¿Vieron Uds. los dibujos animados ayer por la mañana?
   (Sí) _____

4. Vimos los documentales la semana pasada, ¿no?
   (No) _____

5. Ayer, a las 7:00 de la tarde, vi *Jeopardy*, ¿no?
   (Sí) _____

6. ¿Viste la película *The English Patient* el martes pasado?
   (No) _____

7. Nosotros vimos las telenovelas ayer por la tarde. ¿Y Andrea y Marta?
   (No) _____

8. ¿Vio Miguel el anuncio de *Pepsi* durante la *Super Bowl*?
   (Sí) _____

3. ¿Qué ves en la televisión?

Self-test: applying what you have learned

Write a dialog about TV and music. Then practice the dialog with your partner.

¿Qué te gusta
ver en la
televisión?

A.
Ask your partner what he/she likes to watch on television.

B.
Respond and give a reason. Ask the same question.

A.
Respond and give a reason. Ask what he/she watched last night.

B.
Respond and give your opinion of the show. Ask what he/she watched last night.

A.
Respond and compare it to another show. Ask what kind of music he/she prefers.

B.
Respond. Ask the same question.

A.
Respond and compare it to another type of music.

UNIDAD 5, CAPÍTULO 10
¿VAMOS DE COMPRAS?

CONVERSEMOS

1. **¿Qué vas a comprar?**
Using new vocabulary: stores

Write sentences with the correct form of *ir a*, telling that the following people went to the places shown in the pictures.

1. (yo)_*Yo voy al almacén.*_____

2. (Elisa) _____

3. (tú) _____

4. (ellos)_____

5. (nosotros)_____

6. (yo)_____

2. **¿Qué compraste?**
Using new vocabulary: shopping

Complete each sentence.

1. Fui al almacén y compré _*un cinturón.*_____

2. Fuiste a la joyería y compraste _____

3. Fue al puesto de ropa y compró _____

4. Fuimos a la zapatería y compramos _____

REALIDADES

1. De compras
Reading comprehension

Based on what you have read, choose the answer that best completes each sentence.

1. Este artículo cuenta las aventuras de Ana Luisa Reyes en _____
   a. las comunidades latinas   **b.** Puerto Rico   **c.** Dallas

2. En El Barrio de Nueva York, Ana compró _____
   a. un coche   **b.** un viaje   **c.** una camiseta

3. Hay productos típicos de Cuba en _____
   a. La Marqueta   **b.** Dallas   **c.** La Pequeña Habana

4. En las joyerías del vecindario latino de Los Ángeles puedes comprar

   _____.
   a. collares   **b.** discos   **c.** frijoles

2. ¿Qué vas a comprar?
Applying your thinking skills.

List at least three things you can buy in each one of these places.

1. El Barrio de Nueva York: _____

_____

2. Las joyerías del vecindario latino de Los Ángeles: _____

_____

3. La Pequeña Habana en Miami: _____

_____

4. Las tiendas de San Antonio: _____

_____

PALABRAS EN ACCIÓN: VOCABULARIO

1. **¿Qué venden?**
Practicing vocabulary: stores

Match the words in the box with the appropriate description below.

la joyería	la farmacia
la librería	la tienda de aparatos electrónicos

1. Es el lugar donde venden libros. *la librería* _____

2. Vas a ese lugar para comprar jabón y pasta de dientes. _____

3. Es el lugar donde venden pulseras, anillos, relojes y collares. _____

4. Si quieres comprar un televisor, vas a esta tienda. _____

_____

2. **¿Dónde compras...?**
Practicing vocabulary: shopping

List the words in the box under the categories below. Include the correct definite article for each noun.

maquillaje	pulseras	collar	botas tejanas	anillo	camiseta
reloj	zapatos	sandalias	perfume	jabón	
abrigos	tenis	suéter	impermeable	pasta de dientes	

Las tiendas

Joyería
las pulseras

Zapatería

Tienda de ropa

Farmacia

3. En la tienda

Practicing vocabulary: shopping expressions

Choose the answer in the right column that best responds to the statement or question in the left column. Then write the complete exchange.

Esta falda me queda pequeña.	No. Sólo aceptamos dinero en efectivo.
¿En qué le puedo ayudar?	¿Tiene el recibo?
Quiero devolver este televisor.	Sí, todas las cosas de cuero.
¿Están en rebaja las sandalias?	¡Es una ganga!
¿Aceptan tarjetas de crédito?	¿Qué talla usa usted?
Esta corbata sólo cuesta $2.	Quiero comprar unos aretes.

1. *Esta falda me queda pequeña.*
   ¿Qué talla usa usted?

2. _____
   _____

3. _____
   _____

4. _____
   _____

5. _____
   _____

6. _____
   _____

4. ¿Qué les regalas?

Practicing vocabulary: gifts

Write sentences telling what presents you would give to the people below for their birthdays.

1. A Tomás le gusta vestir bien. *Le regalo una corbata.*

2. A mi madre le gustan las joyas. _____

3. A mi tía le gusta estar guapa. _____

4. A mis primos les gusta leer. _____

PARA COMUNICARNOS MEJOR: GRAMÁTICA

The preterite of *ir*

To say where somebody went, use the preterite of **ir**.

IR			
SINGULAR		**PLURAL**	
Pronoun	**Verb**	**Pronoun**	**Verb**
yo	fui	nosotros(as)	fuimos
tú	fuiste	vosotros(as)	fuisteis
usted / él / ella	fue	ustedes / ellos / ellas	fueron

1. **¿Adónde fueron?**
Practicing preterite forms of **ir**

Write sentences telling where these people went shopping.

 1. (Lola) *Lola fue al almacén.* _____

 2. (tú) _____

 3. (ellos) _____

4. (usted) _____

2. **¡Vamos de compras!**
Practicing the preterite

Complete the paragraph with the correct forms of the verbs in the box.

gustar	pagar	comprar	ir	quedar

Mis familia y yo _____*fuimos*_____ de compras a Chinatown. Mis padres

_____ a la tienda de aparatos electrónicos y yo

_____ a la joyería. Me _____ mucho un anillo pero

me _____ pequeño. _____ una pulsera de plata.

Después _____ todos juntos a la zapatería. Mi padre

_____ con la tarjeta de crédito.

Demonstrative adjectives

- To point out specific people or things, use demonstrative adjectives. Demonstrative adjectives in Spanish have the same gender and number as the nouns they modify.

DEMONSTRATIVE ADJECTIVES			
SINGULAR		PLURAL	
Spanish	English	Spanish	English
este	this (masc.)	estos	these (masc.)
esta	this (fem.)	estas	these (fem.)
ese	that (masc.)	esos	those (masc.)
esa	that (fem.)	esas	those (fem.)

- Demonstrative adjectives are placed before the noun which they modify.

¿Te gusta esta pulsera?	*Do you like this bracelet?*
¿Te gustan esos aretes?	*Do you like those earrings?*

3. En la joyería
Practicing demonstrative adjectives

Ana Alicia and Mercedes are in a jewelry store. Complete the dialog with demonstrative adjectives.

Remember that we use *este / esta / estos / estas* when the speaker is close to the object and *ese / esa / esos / esas* when the speaker is far off from the object.

ANA ALICIA: Me gusta _____*ese*_____ collar que está allí.

MERCEDES: A mí también, pero me gusta más _____ anillo que está aquí.

ANA ALICIA: Y _____ anillos que veo aquí son muy baratos.

MERCEDES: ¿Te gusta _____ pulsera que está allí?

ANA ALICIA: Sí, mucho. Pero quiero ver _____ pulseras de aquí también.
Mira, Mercedes, _____ pulsera me queda muy bonita, ¿verdad? La compro.

PARA COMUNICARNOS MEJOR: GRAMÁTICA

Indirect object pronouns

To tell to whom or for whom something is intended, use indirect object pronouns.

INDIRECT OBJECT PRONOUNS			
SINGULAR		PLURAL	
Spanish	English	Spanish	English
me	to me	nos	to us
te	to you (informal)	os	to you (pl. informal)
le	to him, her, it, you (formal)	les	to them, you (pl. formal)

The preterite tense of *dar*

DAR			
SINGULAR		PLURAL	
Pronoun	Verb	Pronoun	Verb
yo	di	nosotros(as)	dimos
tú	diste	vosotros(as)	disteis
usted / él / ella	dio	ustedes / ellos / ellas	dieron

1. Regalos para todos
Practicing indirect object pronouns

Answer the questions below, using indirect object pronouns and the cues provided.

 1. ¿Qué le regalaste a tu amigo?
 *Le regalé un reloj.*

 2. ¿Qué te dieron tus padres?
_____

 3. ¿Qué le regalaron tus padres a tu hermana?
_____

 4. ¿Qué le diste a tu amiga?
_____

2. ¿Qué le diste?
Practicing preterite forms of **dar**

Write sentences using the words given and the correct preterite form of *dar*.

1. Marta / unos aretes / dar / su / a / amiga / le
Marta le dio unos aretes a su amiga.

2. Nosotros / dar / a / Felipe / su cumpleaños / unas botas tejanas / por / le
_____

3. Yo / una corbata / a / dar / mi hermano / para / su graduación / le
_____

4. Ellos / un reloj / a / dar / Juan / le
_____

5. Yo / dar / mis padres / a / dulces / su aniversario / por / les
_____

6. tú / joyas / a / dar / su hermana? / ¿Le
_____

3. Regalos y más regalos
Practicing indirect object pronouns and preterite forms of **dar**

Answer the questions below by filling in the blanks with the appropriate indirect object pronoun and the preterite form of *dar*.

1. ¿Qué te dieron tus abuelos?
Me dieron unos guantes.

2. ¿Qué le dieron Marta y tú a la profesora?
_____

3. ¿Qué te di para Navidad?
_____

4. ¿Qué nos dio Rosa para el cumpleaños?
_____

5. ¿Qué les diste a tus amigos de clase?
_____

6. ¿Qué me diste para la graduación el año pasado?
_____

REPASO

1. **¿Qué dicen en cada tienda?**
Reviewing vocabulary: shopping

Write two sentences for each illustration, using the appropriate expressions for each store.

1. *¿Qué número usa usted?* _____

2. _____

_____

_____

_____

_____

_____

_____

3. _____

4. _____

_____

_____

_____

_____

_____

_____

2. ¿Adónde fuiste?
Reviewing the preterite

Complete the following sentences using the preterite of verbs in parentheses.

1. Yo (ir) _____ al almacén y (comprar) _____ maquillaje.

2. Bárbara (ir) _____ a la joyería y (cambiar) _____ un reloj.

3. Tú (ir) _____ a la bodega y (comprar) _____ dulces.

4. Carmen (ir) _____ a la zapatería y (hablar) _____ con la vendedora.

5. Tú y yo (ir) _____ a la feria y (regatear) _____ con el vendedor.

6. Carolina y Claudia (ir) _____ al supermercado y (pagar) _____ con un cheque.

7. Yo (ir) _____ a la farmacia y (comprar) _____ pasta de dientes.

8. Tú (ir) _____ a la tienda de música y (cambiar) _____ un disco compacto.

3. ¿Qué te dio?
Reviewing indirect object pronouns

Fill in the blanks with the appropriate indirect object pronouns.

1. ¿Qué _____*les*_____ compró tu madre? (a tus primos)

2. ¿Quién _____ dio esa pulsera? (a ti)

3. ¿Qué _____ regalaste? (a mí)

4. _____ dieron unos broches de oro. (a nosotros)

5. ¿Qué _____ diste? (a Catalina y Cristina)

6. _____ di unas botas tejanas. (a él)

¿QUÉ APRENDISTE?

1. ¡Vamos de compras!
Self-test: shopping terms

Answer the following questions using complete sentences.

1. ¿A qué tienda fuiste? _____

2. ¿Qué compraste allí? _____

3. ¿Para quién lo compraste? _____

4. ¿Qué te dijo el vendedor? _____

5. ¿Qué le dijiste al vendedor? _____

6. ¿A qué tienda vas a ir mañana? _____

2. En la tienda
Self-test: shopping terms

Fill in the blanks using the questions and responses in the box.

¿Qué talla usa?   El número siete.   Sí, aquí está.
¿Está en rebaja?   ¿Puedo devolver esta corbata?
Lo siento. Sólo aceptamos dinero en efectivo.

1. ¿En qué le puedo ayudar? *¿Puedo devolver esta corbata?*

2. ¿Tiene el recibo? _____

3. ¿Aceptan tarjetas de crédito? _____

4. _____ Talla grande.

5. _____ No, no está en rebaja.

6. ¿Qué número usa? _____

3. Vamos de compras
Self-test: applying what you have learned

Write a dialog about shopping. Then practice the dialog with your partner.

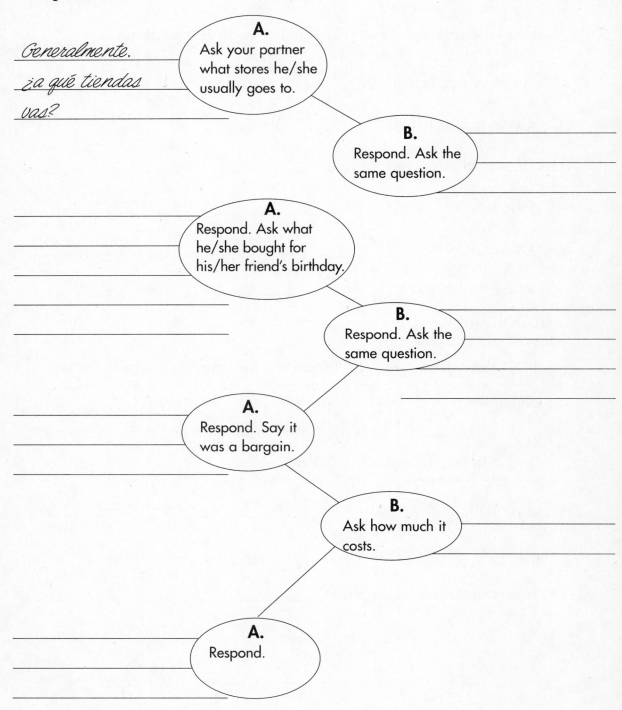

Generalmente,
¿a qué tiendas
vas?

A. Ask your partner what stores he/she usually goes to.

B. Respond. Ask the same question.

A. Respond. Ask what he/she bought for his/her friend's birthday.

B. Respond. Ask the same question.

A. Respond. Say it was a bargain.

B. Ask how much it costs.

A. Respond.

UNIDAD 5, ADELANTE

DEL MUNDO HISPANO

1. **Los murales, arte y cultura**
Reading comprehension

Complete each sentence with the appropriate word or phrase.

expresión	historia
murales	mundo hispano
muralistas	edificios públicos

1. Diego Rivera tuvo gran influencia sobre los muralistas del

_____.

2. Chico empezó haciendo _____ en las calles de Nueva York.

3. Los primeros _____ fueron los hombres y mujeres prehistóricos.

4. Algunos murales muestran la _____ de un país.

5. Los murales son una forma de _____ de las comunidades hispanas.

6. Rivera pintó murales en las paredes de los _____ de México.

2. **Los muralistas y sus obras**
Summarizing what you have learned

Write the names of four muralists in the chart and describe their most famous works.

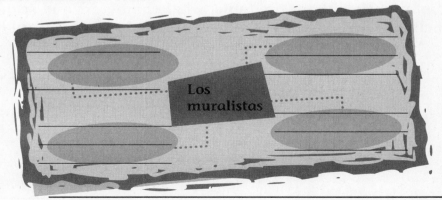

Los muralistas

3. **¿Qué sabes sobre murales?**
Reading comprehension

Answer each question about murals and muralists using one of the cues from the box.

cuevas de Altamira	la música a lo largo de la historia
Gerónimo	Los Ángeles, Miami y Nueva York
la industria del automóvil en Detroit	Tony García

1. ¿Dónde está uno de los murales más antiguos del mundo?

Está en las cuevas de Altamira, en España.

2. ¿En qué ciudades de Estados Unidos puedes ver murales por todas partes?

_____

3. ¿Cuál es el verdadero nombre del muralista puertorriqueño Chico?

_____

4. ¿Qué representa el mural *Detroit Industry* de Diego Rivera?

_____

5. ¿En honor a quién pintó Víctor Ochoa el mural que está en el Centro Cultural de la Raza, en San Diego?

_____

6. ¿Qué representa el mural que Ben Valenzuela pintó en una escuela de California?

_____

4. **¡Tú eres el muralista!**
Expressing your point of view

Describe what your mural would be like, if you were to paint one. Include information about the topic, what characters and scenes you would include, what colors you would use, and where it would be located.

*Me gustaría pintar un mural sobre. . .*_____

_____

_____

_____

_____

TALLER DE ESCRITORES

1. **¿Qué me pongo para salir en la televisión?**
Writing a letter

You are going to host a TV program about school life and you are deciding what to wear. Complete the following letter to the fashion designer explaining your needs. Include this information:

- Today's date
- Description of the clothes you need
- Your size for clothes and shoes
- Description of the accessories (jewelry) you would like
- Date when you need them

_____

Querido(a)_____:

Voy a ser el presentador de *Tiempo de Estudio,* un nuevo programa de televisión del canal 9. Me gustan mucho sus diseños. ¿Le gustaría diseñar mi vestuario para este programa? Necesito_____

_____

_____

_____

_____

Como complementos de joyería me gustaría _____

_____

_____

Necesito todas estas cosas para el día _____

_____.

Muchas gracias por todo.

Atentamente,

2. Plan para una fiesta

Summarizing what you have learned

You are organizing a surprise birthday party for your sister. Write a paragraph listing the things you are going to buy, where you are going to buy them, and what kinds of activities you are going to have.

Voy a comprar. . . _____

_____

_____

_____

_____

_____

3. Otras fronteras

Writing about literature, history, computer science, and theater

Answer the following questions about the topics in *Otras fronteras*.

¿Cuál es tu escritor favorito? ¿Por qué?	¿Te gusta buscar información en el Internet? ¿Por qué?
LITERATURA _____ _____ _____ _____ _____ **SOÑANDO CON TU PAÍS**	**INFORMÁTICA**_____ _____ _____ _____ _____ **LATINO NET**
¿Cuál es la ciudad más antigua de tu estado? ¿Te gustaría visitar esa ciudad? ¿Por qué?	¿Te gustaría participar en una obra de teatro? ¿Por qué?
HISTORIA _____ _____ _____ _____ _____ **SAN AGUSTÍN, FLORIDA**	**TEATRO** _____ _____ _____ _____ _____ **CAFÉ CALIENTE**

RESUMEN

1. Los medios de comunicación
Reviewing vocabulary

Fill the crossword puzzle with words about the media. Use the cues below.

Across:

1. En la revista de _____ encuentras los programas de cine y televisión de la semana.

4. Es una _____ de modas.

6. ¡_____ la radio! No puedo leer.

7. Baja el _____ del televisor, está muy alto.

8. Tengo muchos _____ compactos.

9. Todas las mañanas leo las noticias en el _____.

Down:

2. Voy al cine a ver una _____.

3. Hay una _____ de video en la videocasetera.

5. Compré un _____ nuevo.

2. Conversaciones
Reviewing vocabulary

Complete the dialogs with words from the crossword puzzle.

1. **RAQUEL:** ¿A qué hora es *Sábado Gigante*?
   DANIEL: No lo sé. Lee la revista de _____ .

2. **MIGUEL:** El _____ del _____ está muy alto. ¿Por qué?
   ANITA: Porque es una _____ en español y no comprendo los diálogos.

3. **JUAN:** ¿Quieres leer esta _____?
   MANUEL: No, prefiero leer el _____. Es más interesante.

3. Los regalos

Reviewing indirect object pronouns and the preterite tense

Look at the illustrations and tell to whom your cousin gave the presents that he / she brought from Spain. (Be sure to use the past tense of the verb.)

1.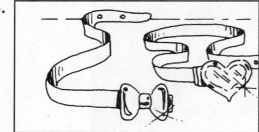

2.

3.

4.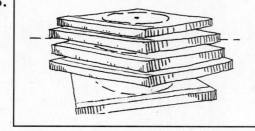

5.

6.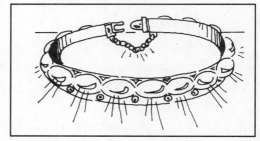

1. (a ti / dar) *A mí me dio un perfume.*

2. (a tus hermanas y a ti / comprar) _____

_____

3. (a tu tía / regalar) _____

4. (a mí / comprar) _____

5. (a tus hermanos / dar) _____

6. (a tu madre/ dar) _____

UNIDAD 6, CAPÍTULO 11
VIAJES DE INTERCAMBIO

CONVERSEMOS

1. **Cosas para viajar**
Using new vocabulary: items you need to travel

Complete the sentence with the item suggested by the picture.

 1. El agente de migración me pide _____

 2. No te olvides _____

 3. Pon tu nombre en _____

 4. Lleva sólo _____

2. **Haciendo los trámites**
Using new vocabulary: getting ready to go abroad

Complete each sentence with the corresponding phrase from the box.

sacar la visa	pedir una carta de recomendación
hacer los trámites	llenar la solicitud

1. Si queremos viajar a África, el agente de viajes dice que es necesario
sacar la visa. _____

2. Para participar en un programa de intercambio, primero tienes que

_____

3. Manuel tiene que _____ con toda
su información para la consejera.

4. Si sacas buenas notas en las clase de español, puedes _____

_____ a la profesora.

REALIDADES

1. Descubre un mundo en español
Reading comprehension

Answer the questions that follow based on what you have read.

1. ¿Cuál fue la capital del imperio inca?
   Cuzco fue la capital del imperio inca.

2. ¿Qué puedes hacer en Cuzco?
   _____

3. ¿Qué lugares puedes visitar en Valdivia?
   _____

4. ¿Qué es Buenos Aires?
   _____

5. ¿Qué deporte puedes aprender a jugar en Buenos Aires?
   _____

6. ¿Cuándo empiezan los programas de intercambio?
   _____

2. Programas de intercambio
Applying your thinking skills

**Write about what to do before going on an exchange program.
Use the verbs in parentheses.**

1. (llenar) *Llenar la solicitud de intercambio.*

2. (sacar) _____

3. (presentar) _____

4. (hablar) _____

5. (pedir) _____

6. (hacer) _____

PALABRAS EN ACCIÓN: VOCABULARIO

1. ¡Vamos de viaje!
Practicing vocabulary: people and places related to travel

Match the description with the corresponding phrase from the box.

el / la consejero(a)	el / la agente de viajes
el consulado	la agencia de intercambio

1. Esta persona hace la reserva de avión. *el / la agente de viajes*

2. Aquí puedes pedir la visa. _____

3. Le pides el certificado de estudios a esta persona. _____

4. Antes de ir al extranjero tienes que ir a este lugar. _____

2. Preparaciones para un viaje
Practicing vocabulary: traveling

Find two places you need to go before your trip, four kinds of paperwork you need, four things you plan to bring with you, and two pieces of advice before you take the trip.

```
V  U  C  O  N  S  U  L  A  D  O  N  S  T  O
I  D  A  P  S  L  T  M  E  O  B  C  A  R  S
S  O  M  B  T  U  B  O  N  C  O  M  L  X  D
A  F  A  O  G  B  R  M  T  U  R  I  T  U  P
B  G  R  L  A  T  L  P  N  M  A  L  E  T  A
I  P  A  S  A  P  O  R  T  E  N  A  M  O  S
Y  E  N  O  V  L  T  H  P  N  K  S  P  U  A
G  U  L  D  F  W  U  S  N  T  C  D  R  T  J
W  N  R  E  P  V  M  U  C  O  Q  L  A  E  E
B  I  L  M  M  T  H  Y  Q  S  L  F  N  A  I
H  O  X  A  E  R  S  B  Y  Q  L  M  O  D  S
T  A  E  N  D  L  H  B  P  F  U  R  B  T  Z
R  Y  E  O  I  T  I  N  E  R  A  R  I  O  F
A  G  E  N  C  I  A  D  E  V  I  A  J  E  S
C  A  M  B  I  A  D  I  N  E  R  O  F  S  T
```

Now organize your words.

Places to go:
_____
_____

Paperwork:
_____
_____
_____
_____

Things to bring:
_____
_____
_____
_____

Advice:
_____
_____

3. Consejos para viajar
Practicing vocabulary: giving advice

Ana is planning her first vacation abroad, and she needs advice. Give her some tips, writing them below.

1. *Lleva sólo una maleta.*

2. _____

3. _____

4. _____

4. ¿Por qué quieren viajar al extranjero?
Practicing vocabulary: reasons to go abroad

These people have their own reasons for wanting to travel abroad. Write complete sentences based on the information given below.

1. Carlos y Juan / salir a mochilear
Carlos y Juan quieren viajar al extranjero para salir a mochilear.

2. Nosotros / conocer a otros jóvenes

_____

3. Yo / conocer otras culturas

_____

4. Susana / aprender bien otro idioma

_____

5. Tú / hacer amigos

_____

6. Ustedes / conocer otras costumbres

_____

PARA COMUNICARNOS MEJOR: GRAMÁTICA

The verbs *decir* and *pedir*

The verbs **decir** and **pedir** are verbs whose stems change from **-e-** to **-i-** in all forms except **nosotros(as)** and **vosotros(as)**.

DECIR			
SINGULAR		**PLURAL**	
Subject Pronoun	Verb	Subject Pronoun	Verb
yo	**digo**	nosotros(as)	**decimos**
tú	**dices**	vosotros(as)	**decís**
Ud. / él / ella	**dice**	Uds. / ellos / ellas	**dicen**

PEDIR			
SINGULAR		**PLURAL**	
Subject Pronoun	Verb	Subject Pronoun	Verb
yo	**pido**	nosotros(as)	**pedimos**
tú	**pides**	vosotros(as)	**pedís**
Ud. / él / ella	**pide**	Uds. / ellos / ellas	**piden**

¿Qué pide el cliente?   *What is the client asking for?*

Pide un recibo.   *He / she is asking for a receipt.*

1. Los trámites necesarios
Practicing forms of **pedir**

You and your friends are planning a vacation abroad. Complete each sentence with the correct form of *pedir*.

1. María _____*pide*_____ información sobre el viaje.

2. El consejero _____ la autorización de los padres.

3. Nosotros _____ la visa en el consulado.

4. Tú _____ una carta de recomendación.

5. Yo _____ información sobre el programa de intercambio.

6. Ellos _____ la solicitud.

2. **¿Por qué quieres ir a Argentina?**
Practicing the verb **decir**

Write sentences expressing the interests of the people below.

1. Luis quiere estudiar español. *Luis dice que quiere estudiar español.*

_____

2. Nosotros queremos esquiar. _____

_____

3. Ellos quieren hacer amigos. _____

_____

4. Tú quieres conocer otras culturas. _____

_____

5. Sara quiere conocer otras costumbres. _____

3.
_____

6. Yo quiero hablar otros idiomas. _____

_____

¿Qué dicen?
Practicing forms of **decir**

You and your friends are considering taking part in a student exchange program. Answer the questions using the information provided.

1. ¿Qué dice el consejero? (querer / la autorización de los padres)
Dice que quiere la autorización de los padres.

2. ¿Qué dicen Pedro y Susana? (querer ir / al extranjero)

_____

3. ¿Qué dice tu profesora de español? (querer ver / la solicitud)

_____

4. ¿Qué decimos? (querer / aprender bien otro idioma)

_____

PARA COMUNICARNOS MEJOR: GRAMÁTICA

Irregular informal *(tú)* commands

Some verbs have irregular *tú* command forms. These irregular commands have no definite pattern. So the best way to handle these commands is to memorize them. Note the accent in the *tú* command for *ser*.

INFINITIVE	*TÚ* COMMAND
decir	di
hacer	haz
ir	ve
poner	pon
salir	sal
ser	sé
tener	ten
venir	ven

1. ¡Haz tus maletas!
Practicing irregular informal commands

Your class is going on a trip. Give your classmates some advice, using the words from the box.

hacer las maletas	salir temprano
tener el pasaporte contigo	ser cortés
pedir información	ir a la agencia de viajes
cambiar dinero	poner los documentos en el bolso de mano

1. Eva no lleva los documentos. *Pon los documentos en el bolso de mano.*

2. José no quiere hacer las maletas. _____

3. Susana siempre llega tarde. _____

4. Rafaela nunca dice "por favor". _____

5. Jorge no tiene su pasaje. _____

6. Mario olvida su pasaporte. _____

7. Manuel no sabe qué decirle al agente de viajes. _____

8. Carla no tiene dinero peruano. _____

Pronouns with *tú* commands

- Direct and / or indirect object pronouns must be attached to the end of the affirmative command.

  Dime qué quieres.   *Tell me what you want.*

  ¿No tienes la tarea? Hazla   *You don't have the homework? Do it*
  ahora.   *now.*

- In some cases, you will need to add an accent to the command when you attach the direct or indirect object pronoun, in order to keep the pronunciation of the original command. In general, when the command with attached pronoun has three syllables or more, add an accent on the stressed syllable.

  Toma la medicina. Tómala.   *Take the medicine. Take it.*

  Respeta las costumbres. Respétalas.   *Respect the customs. Respect them.*

2. ¿Qué le dices?
Practicing informal commands with direct object pronouns

Give your friends advice, using the words in parentheses.

1. ¿Dónde pongo el nombre? (en la maleta) *Ponlo en la maleta.*

2. No hice el itinerario. (pronto) _____

3. No saqué la visa. (en el consulado) _____

4. No hice la reserva de avión. (ahora)_____

5. ¿Dónde pido la solicitud? (aquí) _____

6. No sé hacer los trámites. (con mi ayuda) _____

3. ¿Dónde va el acento?
Practicing written accents

Rewrite the commands that have missing accent marks.

1. Cambialo. _____   4. Pidelo. _____

2. Hazlos. _____   5. Ponla. _____

3. Llenala. _____   6. Respetelas. _____

REPASO

1. **Mi folleto de intercambio**
Writing a brochure

On a separate sheet of paper, make a brochure for an exchange program, using the one below as a guide. Include the following information:

- A title
- Countries you can visit
- Requirements
- Dates
- Recommendations

AGENCIA DE INTERCAMBIO ESTUDIANTIL

Estudia español en: Chile, Argentina, Perú, Uruguay, Costa Rica o España —— Países que puedes visitar

Salidas: junio, julio y agosto —— Fechas de salida

Requisitos: un año de español, certificado de estudios, permiso de los padres y certificado médico. —— Requisitos

Recuerda que tienes que sacar el pasaporte. Y ¡lleva sólo una maleta! —— Recomendaciones

2. ¿Qué piden?
Reviewing **pedir**

Each of these people are going on a trip to another country and have requested different things. Use the pictures to tell what they have requested.

1.

2.
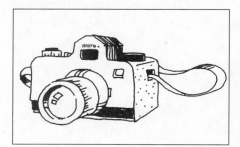

3.
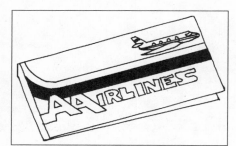

4.

5.

1. (Manolo) _Manolo pide un folleto turístico del Caribe._

2. (mis amigos) _____

3. (tú) _____

4. (ustedes) _____

5. (Raúl, Vilma y yo) _____

¿QUÉ APRENDISTE?

1. ¿Qué pides? ¿Qué dices?
Self-test: **pedir** *and* **decir**

Complete each sentence with the correct form of *decir* or *pedir*.

1. Mi madre _____*dice*_____ que la cena está lista.

2. Nosotros le _____ información a la agente de viajes.

3. Mis amigos le_____ al mesero dos vasos de agua.

4. ¿Qué le _____ tú al consejero?

5. Mariana y yo le _____ a la profesora que estamos enfermas.

6. Mis amigos _____ que quieren ir a Perú.

2. ¿Qué tengo que hacer?
Self-test: commands

Write out the information given below in complete sentences, using command forms and rearranging the order when needed. Make all other necessary changes.

1. salir / temprano / si / querer / llegar pronto
   Sal temprano si quieres llegar pronto.

2. poner / tu nombre / en la maleta

   _____

3. pedir / información / al agente de viajes

   _____

4. sacar / el pasaporte / antes de viajar

   _____

5. aprender / otro idioma / bien

   _____

6. tu cámara / en / el bolso de mano / poner

   _____

7. llenar / la solicitud

   _____

8. dinero / antes de / cambiar / a Argentina / tu viaje

   _____

3. Un viaje de intercambio

Self-test: applying what you have learned

Write a dialog about going on an exchange program. Then practice the dialog with your partner.

¿Te gustaría ir
de intercambio
al extranjero?

A.
Ask your partner if he/she would like to go on a foreign exchange program.

B.
Respond and give a reason. Ask the same question.

_____
_____
_____

A.
Respond and give a reason. Ask whom he/she asks for travel information.

_____
_____
_____
_____

B.
Respond. Ask if he/she has a passport.

_____
_____

A.
Respond. Ask for advise.

_____
_____
_____

B.
Respond and tell him/her how to behave in a foreign country.

_____
_____
_____

UNIDAD 6, CAPÍTULO 12
BIENVENIDOS A PERÚ

CONVERSEMOS

1. **¿Qué visitaron?**
Using new vocabulary: vacation terms

Using the pictures as cues, write sentences telling how the following people traveled and what they visited.

1. Elisa _fue en tren a visitar una selva._

2. Felipe y Jaime _____

3. Tú _____

4. Yo _____

2. **Viajando**
Using new vocabulary: traveling

Choose the correct word or phrase from the box below to complete the sentences.

triste	más hermosas	nervioso
impresionante	la más alta	la más antigua

1. El año pasado fui a Chile y subí a una montaña. ¡Es ___la más alta___
del país!

2. Me gusta viajar, pero antes de un viaje estoy un poco _____.

3. Mi primo fue a las cataratas del Iguazú. Dijo que fueron las vacaciones
_____ de su vida.

4. Cuando regreso de un viaje, estoy un poco _____.

5. Anoche vi un espectáculo. ¡Fue _____ !

6. Cuando fui de vacaciones, visité una catedral. ¡Es
_____ del mundo!

REALIDADES

1. Diario de un viaje a Perú
Reading comprehension

Based on what you have learned about a trip to Peru, answer each of the questions below.

1. ¿Dónde están Dan y sus amigos el jueves 25 de junio?

   _____

2. ¿Cuál es el lugar más impresionante del Perú?

   _____

3. ¿Cuál es el lago más grande de América del Sur?

   _____

4. ¿Cuántos metros tiene el cañón del Colca?

   _____

5. ¿Qué hay en el desierto de Nazca?

   _____

6. ¿Cuántos años tienen los dibujos de animales y figuras geométricas?

   _____

2. Descripciones de América del Sur
Applying your thinking skills

Describe the places below.

1. La cordillera de los Andes es _larguísima_____.

2. Machu Picchu es _____.

3. El lago Titicaca es _____.

4. El cañón de Colca es _____.

5. El desierto de Nazca es _____.

6. La ciudad de Cuzco es _____.

PALABRAS EN ACCIÓN: VOCABULARIO

1. ¿Cómo son?
Practicing vocabulary: descriptions

Complete the sentences with the appropriate adjectives from the box.

más impresionantes	más antiguo	más hermosa
más misterioso	más conocida	más alta
más largo	más increíble	

1. Machu Picchu es el lugar ___*más misterioso*___ de Perú.

2. Las cataratas del Iguazú son las cataratas _____ del mundo.

3. La catedral es el edificio _____ de la ciudad.

4. El Everest es la montaña _____ del mundo.

5. El Amazonas es el río _____ de América.

6. La selva del Amazonas es la selva _____ del mundo.

7. Subir al pico Aconcagua fue la experiencia _____ de mi vida.

8. Esta escultura de madera es el recuerdo _____ que compré.

2. Visitando América del Sur
Practicing vocabulary: descriptions

Complete the following sentences using the correct superlative forms of the adjectives in parentheses.

1. El cañón del Colca es (profundo) ___*profundísimo*___

2. Esta máscara de piedra es (hermoso) _____

3. Machu Picchu es un lugar (misterioso)_____

4. Las cataratas del Iguazú son (impresionante)_____

5. Antes de ir de viaje, Clara está (emocionado) _____

6. Las montañas de la cordillera de los Andes son (alto) _____

3. ¿Qué es?

Practicing vocabulary: geography

Match the names in the left column with the corresponding description in the right column, and write a sentence with each pair.

Lugares	Geografía
Aconcagua	lago
Amazonas	río
Andes	océano
Pacífico	pico
Colca	cordillera
Titicaca	cañón

1. *El Aconcagua es el pico más alto de América.*_____

2. _____

3. _____

4. _____

5. _____

6. _____

4. ¿Masculino o femenino?

Practicing vocabulary: gender of nouns

Write the correct article for each noun. Then write the plural forms.

1. __*la*__ selva _____*las selvas*_____

2. _____ cordillera _____

3. _____ manta _____

4. _____ poncho _____

5. _____ tapiz _____

6. _____valle _____

7. _____ océano _____

8. _____ desierto _____

9. _____ experiencia _____

10. _____ mundo _____

11. _____ paisaje _____

12. _____ espectáculo _____

PARA COMUNICARNOS MEJOR: GRAMÁTICA

The present progressive tense

- To talk about something that is happening right now, use the present progressive tense. This tense is formed the same way in Spanish as in English. Where in English we use *to be* plus the present participle of another verb (the *-ing* form), in Spanish we use **estar** plus a present participle (an **-ndo** form).

- The present participle of **-ar** verbs is formed by adding **-ando** to the stem. For **-er** and **-ir** verbs, add **-iendo** to the stem, unless the stem ends in a vowel. In that case, add **-yendo** to the stem.

  Estoy aprendiendo otro idioma.   *I am learning another language.*

  Juan está leyendo un poema.   *Juan is reading a poem.*

  Estamos admirando el paisaje.   *We are admiring the landscape.*

- Be sure to note that not every use of an *-ing* form in English will require the present progressive in Spanish. This is especially true for the verbs **ir** and **venir**, which are rarely seen in the present progressive.

  Van a bailar esta noche.   *They are going dancing tonight.*

1. ¿Qué estás haciendo?
Practicing the present progressive tense

Choose the activity from the box that matches each item below. Then write a sentence, using the present progressive.

admirar el paisaje	filmar un documental	sacar fotos
escribir un diario	navegar en un bote a motor	subir a una montaña

1. Estoy en el cañón. *Estoy admirando el paisaje.*

2. Susana está en el océano. _____

3. Tú estás en el hotel. _____

4. Nosotros estamos en la selva. _____

5. Ellos están en los Andes. _____

6. Tu primo y tú están en las cataratas del Niágara. _____

Superlative constructions

- To say that someone or something stands out, use superlative constructions. There are a few ways to do this in Spanish, one of which is to use a definite article, a noun, and **más** followed by an adjective.

  Ana es la chica más lista del equipo.   *Ana is the smartest girl on the team.*

- To say that someone or something has a certain quality to a very high degree, use another superlative construction— adding **-ísimo** to an adjective. In English, we accomplish this by using adverbs (such as *extremely, really, very*). If an adjective ends in a vowel, drop the vowel before adding the superlative ending.

  lento slow **lentísimo** <u>very</u> slow **divertido** fun **divertidísimo** <u>really</u> fun

- The **-ísimo** (**-a**, **-os**, or **-as**) ending agrees in number and gender with the noun being modified. The ending always has an accent on the first **i**. If an adjective already has an accent, drop that accent in favor of the one on the **-ísimo** ending. Finally, for adjectives whose last syllables begin with a **c**, **g**, or **z**, there are three spelling changes to watch for:
  1) **c** to **qu**, 2) **g** to **gu**, and 3) **z** to **c**.

  El examen fue facilísimo. (fácil)   *The exam was extremely easy.*
  Mi primo es simpatiquísimo. (simpático) *My cousin is very nice.*

2. ¿Cómo están? ¿Cómo son?
Practicing superlative constructions

Match the responses from the box with the statements below.

ser / vieja	ser / profundo
estar / cansados	ser / aburridos

1. ¡Mira el cañón! *Es profundísimo.*_____

2. Caminamos 12 horas en la selva. _____

3. No me gustan los viajes en avión. _____

4. Allí está la catedral. _____

PARA COMUNICARNOS MEJOR: GRAMÁTICA

Uses of *ser* and *estar*

The verbs *ser* and *estar* both mean *to be*. However, each one is used differently.

❑ Use **estar**:

- To tell where something or someone is located

  Lima está en la costa del Pacífico.

- To describe how someone feels

  Estoy contentísima.

- To talk about activities in progress

  Estoy admirando el paisaje.

❑ Use **ser**:

- To describe something or someone

  Mi amiga es muy bonita

- To tell where someone is from

  Mis primos son de Perú.

- To give the date and time of an event

  La fiesta es el sábado a las cinco de la tarde.

- To state someone's profession

  Mi tía es profesora.

- To describe what something is made of

  Esa máscara es de madera.

1. **En América del Sur**
Practicing the uses of **ser** *and* **estar**

Complete the sentence with the appropriate form of *ser* or *estar*.

1. La catedral de Cuzco _____ lejos.

2. Después del viaje mis hermanos y yo _____cansadísimos.

3. Los recuerdos que compré en Perú _____ de piedra.

4. Mi primo vive en Lima. _____ guía turístico.

5. La fiesta del club Peruano _____ a las siete de la tarde.

6. Las cataratas del Iguazú _____ entre Brasil y Argentina.

7. El desierto de Nazca _____ impresionante.

8. Juan y Felipe _____ de Perú.

2. Una fiesta

Practicing the uses of **ser** *and* **estar**

The Ortiz family is having a party in honor of their Peruvian relatives who are visiting the United States. Describe this event by completing the following paragraph with forms of *ser* or *estar*.

_____*Es*_____ lunes y los Ortiz _____ planeando una fiesta para sus tíos. La fiesta _____ el sábado a las ocho de la noche. La señora Ortiz _____ contenta porque sus tíos _____ con ella y su familia. Los tíos _____ de Perú, pero _____ de visita en Estados Unidos. Su tío _____ profesor de la universidad y su tía _____ profesora de inglés. Ellos _____ emocionadísimos de _____ aquí con su familia. El tío de la señora Ortiz _____ muy alto y su tía _____ muy baja. Su casa _____ cerca del Pacífico. Ellos también van a visitar a los abuelos que _____ en Florida.

3. Visitando Cuzco

Practicing the uses of **ser** *and* **estar**

Write sentences using either *ser* or *estar* and the information given below.

1. Carlos / en Cuzco / esta semana

_____

2. él / visitando / a su familia peruana

_____

3. sus primos / de Lima

_____

4. hoy / la familia / paseando / por la ciudad

_____

5. las calles / hermosísimas

_____

6. al final del día / todos / cansadísimos

_____

REPASO

1. **Cartel turístico**
Reviewing what you have learned

Create a tourist poster for your city or town. Tell where it is located, describe its geography, what tourist activities you can do, what places of interest you can visit, and how you can get there.

Ven a visitar mi pueblo

Se llama _____ — Nombre de tu pueblo o ciudad

y está _____ — Dónde está

*Tiene*_____ — Cómo es su geografía

_____

Los lugares más interesantes

para visitar son _____ — Lugares de interés

_____

Allí puedes _____ — Actividades que puedes hacer

_____

Puedes venir _____ — Cómo puedes llegar hasta allí

_____

2. De vacaciones en Perú
Reviewing **ser** *and* **estar**

Write sentences about each illustration using either *ser* or *estar*.

1.

2.

3.

4.

5.

6.

1._____

2._____

3._____

4._____

5._____

6._____

¿QUÉ APRENDISTE?

1. Tu viaje
Self-test: traveling

Answer the following questions about your own travels.

1. ¿Cómo estás después de un viaje? _____

2. ¿Adónde fuiste en tu último viaje? _____

3. ¿Qué visitaste? _____

4. ¿Cómo fuiste?_____

5. ¿Qué hiciste durante el viaje? _____

6. ¿Qué compraste?_____

2. Viajes y recuerdos
Self-test: traveling

Complete the sentences using words from the box.

metros	piedra	tapiz	guía
poncho	cordillera	lana	excursión

1. Carlos se pone un _____*poncho*_____ cuando hace frío en las montañas.

2. Un viaje corto es una _____ .

3. En el mercado de artesanía compramos un _____ .

4. En las ruinas vimos dos esculturas de _____ .

5. El _____ conoce todos los monumentos de la ciudad.

6. El monte Everest mide más de 8.000 _____ .

7. Un grupo de montañas es una _____ .

8. Mi abuela me hizo un suéter de _____ .

3. Mis últimas vacaciones
Self-test: applying what you have learned

Write a dialog about your last vacation. Then practice the dialog with your partner.

¿Adónde fuiste en tu último viaje?

A.
Ask where your partner went on his/her last trip.

B.
Respond. Ask the same question.

A.
Respond and mention 2–3 places you visited. Ask what places he/she visited there.

B.
Respond. Mention 2–3 places. Ask how he/she traveled.

A.
Respond. Ask the same question.

B.
Respond and mention 2–3 activities you did there. Ask what he/she did there.

A.
Respond. Mention 2–3 activities you did on your vacation.

UNIDAD 6, ADELANTE

DEL MUNDO HISPANO

1. Grandes enigmas
Reading comprehension

Complete each sentence with the appropriate word or phrase.

enigmas	incas
estatuas	líneas de Nazca
figuras geométricas	misterio

1. Machu Picchu es un gran _____*misterio*_____ arquitectónico.

2. Las _____ sólo se pueden ver desde un avión.

3. Las _____ llamadas moais están en la Isla de Pascua.

4. En América del Sur puedes encontrar tres de los _____ más grandes de la historia.

5. Hace más de 700 años los _____ construyeron Machu Picchu.

6. Las líneas de Nazca representan animales y _____.

2. Hay muchas teorías
Applying your thinking skills

List the reasons that Machu Picchu, the Nazca lines, and Easter Island are considered mysteries today.

1. Machu Picchu

_____

_____

2. las líneas de Nazca

_____

_____

3. la Isla de Pascua

_____

_____

3. ¿Qué sabes de la América precolombina?
Reading comprehension

Answer the following questions about the mysteries of the South, using the cues in the box.

acueductos, templos y terrazas	más de 80 toneladas
en el sur de Perú	más de 1.000 pies
mamacunas	moais

1. ¿Qué construcciones podemos encontrar en Machu Picchu?
   Podemos encontrar acueductos, templos y terrazas.

2. ¿Cómo se llaman las estatuas gigantes de la Isla de Pascua?
   _____

3. ¿Cuánto miden algunos de los dibujos en el desierto de Nazca?
   _____

4. ¿Quiénes eran las muchachas consagradas a adorar al sol?
   _____

5. ¿Dónde está el desierto de Nazca?
   _____

6. ¿Cuánto pesan los moais?
   _____

4. Resolviendo el misterio
Expressing your point of view

Choose one of the three mysteries discussed in the reading, and propose a theory explaining it.

   Yo creo que las líneas de Nazca eran parte de un proyecto
   artístico gigantesco. . .
   _____
   _____
   _____
   _____
   _____

TALLER DE ESCRITORES

1. **Una solicitud**
Completing a form

You want to go on a summer exchange program. Complete this form.

Viajes de intercambio Mundo Azul
Solicitud

Nombre y apellido: _____

Fecha y lugar de nacimiento: _____

Dirección: _____

_____

Escuela:_____

Años de español: _____

Nombre del padre, madre o tutor: _____

¿Por qué quieres ir de viaje de intercambio? _____

_____

_____

Documentos y certificados que tienes:_____

_____

_____

Fecha del viaje de intercambio: _____

País o países que prefieres visitar:_____

_____   _____
Firma del estudiante   Firma del padre, madre o tutor

---

2. Después del viaje
Writing a letter

Write a short letter to a friend, telling about your experience on an exchange program. Give your friend advice on what to do if he or she wants to go on an exchange program.

Querido(a)_____,

Ya estoy otra vez en casa. Mi viaje de intercambio fue. . .

Un abrazo,

3. Otras fronteras
Writing about languages, ecology, computer science, and geography

Answer the following questions about the topics in *Otras fronteras*.

¿Te gustaría aprender un idioma indígena? ¿Cuál? ¿Por qué?

IDIOMAS

EL IDIOMA DE LOS INCAS

¿Conoces otros sistemas para guardar información? ¿Cuáles son?

INFORMÁTICA

EL QUIPU

¿Cómo es el clima en tu ciudad? ¿Llueve mucho? ¿Hay mucha nieve? ¿Hace mucho sol?

ECOLOGÍA

"COSECHA DE NUBES"

¿Dónde hay cataratas en tu país? ¿Hay algún lugar de interés en tu ciudad o estado?

GEOGRAFÍA

LAS CATARATAS DEL IGUAZÚ

RESUMEN

1. Todos te piden algo

Reviewing new vocabulary and the verb **pedir**

Tell what the people below are asking for, using the pictures as cues and form of the verb *pedir*.

1.   2.   3.   4.

1. (mis amigos y yo) *Mis amigos y yo te pedimos una manta.*

_____

2. (tus padres)_____

3. (tu hermana) _____

4. (tu tía) _____

2. ¡Haz las maletas!

Reviewing new vocabulary and informal commands

Your friend is leaving on a trip. Give advice, using the pictures and corresponding expressions from the box.

1.    2.    3.    4.

poner tu nombre en la maleta	tener el pasaporte contigo
llevar un bolso de mano	hacer las maletas con tiempo

1. _____

2. _____

3. _____

4. _____

3. ¡Visita Santo Limón!
Writing a travel brochure

You are writing a promotional brochure about Santo Limón, a small village in South America where the mysterious artifacts shown below were recently discovered. Write a story to explain the mysterious origins of the artifacts. Below are some words and expressions you may want to use.

ceremonia	espiritual	animales	expertos
habitantes	teoría	miden	figura
civilización	nativos	descubrir	estatua
significado	misterio	pie	pensar
ruinas	templo	celebrar	adorar a
montaña	impresionante	de piedra	respetar

¡VISITA SANTO LIMÓN!

_____

_____

_____

_____

_____

_____